C.H.BECK  WISSEN

in der Beck'schen Reihe

AF214867

Vlad Drăculea starb 1477. Dracula aber lebt weiter. Kaum eine andere Persönlichkeit der Geschichte wirft einen so langen und düsteren Schatten in den Phantasien der Menschen. Der durch Dichtung und Filmkunst verzerrte Karpatenfürst mag noch heute manchen aus dem Schlaf schrecken. Über das historische Vorbild weiß man hingegen in der Regel nur sehr wenig. Heiko Haumann erschließt mit diesem gleichermaßen spannenden und informativen Buch die geschichtlichen Zusammenhänge, aus denen Dracula hervorging, erhellt das Phänomen des Vampirismus und erschließt zahllose Mythen, die sich um den Ahnherrn aller Blutsauger ranken.

Heiko Haumann ist emeritierter Professor für Osteuropäische und Neuere Allgemeine Geschichte. Er hat einschlägig über Dracula und die Vampire Osteuropas publiziert.

Heiko Haumann

DRACULA

Leben und Legende

Verlag C.H.Beck

Mit zehn Abbildungen und zwei Karten

Originalausgabe
© Verlag C.H.Beck oHG, München 2011
Satz: Fotosatz Reinhard Amann, Aichstetten
Druck und Bindung: Druckerei C.H.Beck, Nördlingen
Umschlagabbildung: Vlad Țepeș, Porträt,
16. Jahrhundert, Innsbruck, Schloss Ambras
© akg-images/Erich Lessing, Berlin
Umschlagentwurf: Uwe Göbel, München
Printed in Germany
ISBN 978 3 406 61214 5

www.beck.de

Inhalt

1. **Vorwort: «Dracula lebt!»** **7**

2. **Die Geschichte des Vlad Drăculea (1431–1477)** **8**
   Vlads Geburt in unruhigen Zeiten 8
   Kindheit und Jugend im Schatten vieler Kriege 13
   Zwischen Macht und Ohnmacht 22
   Die Herrschaft des Woiwoden 26
   Sieger über die Osmanen 30
   Gefangennahme und letzter Kampf 35

3. **Vlad der Pfähler – Vlad der Held: Der Woiwode**
   im Urteil der Zeitgenossen und der Nachwelt **42**
   Pfählen als zeitgenössische Strafart 42
   Die Flugschriften-Kampagne gegen Vlad Drăculea 45
   Vlad Drăculea in Porträts und anderen bildlichen
   Darstellungen 50
   Vlad Drăculea in byzantinischen, osmanischen und
   russischen Quellen 60
   Das Bild Vlad Drăculeas in Rumänien 62

4. **Vampirglauben und Vampir-Mythos** **67**
   Der Mythos des Blutes 67
   Der Ursprung des Vampirglaubens 68
   Vampire im Volksglauben des 18. Jahrhunderts und
   die Aufklärung 78

5. **Dracula als Vampir: Entstehung und Funktion**
   einer neuen Legende **87**
   Der Vampir-Mythos in der Literatur 87
   Bram Stokers «Dracula» 97

Der literarische Dracula- und Vampir-Mythos
seit Bram Stoker   104
Dracula auf der Bühne und im Film   109

6. Dracula und der Vampirismus heute   115

Anhang
Dank   122
Zur Aussprache des Rumänischen   123
Bildnachweis   123
Weiterführende Literatur   124
Register   126

1. Vorwort: «Dracula lebt!»

Eine schöne, junge Frau liegt schlafend im Bett. Plötzlich wird sie wach, ein Geräusch hat sie erschreckt. Das Fenster ist aufgesprungen, die Gardine weht im Luftzug. Aus dünnem Nebel schält sich eine Gestalt heraus, «ein großer, schlanker Mann, ganz in Schwarz gekleidet». Aus seinem wachsbleichen Gesicht ragt eine hohe, scharfe Adlernase, der Mund ist leicht geöffnet. Zwischen den roten Lippen schimmern spitze weiße Zähne. Rote Augen schauen die Frau durchdringend an. Langsam nähert er sich ihr, verzieht das Gesicht zu einem Lächeln, entblößt ihren Hals, presst seine Lippen auf ihre Kehle, beißt zu und beginnt, ihr Blut zu saugen. Dann reißt er sein Hemd auf, öffnet sich mit seinen langen Fingernägeln eine Ader an der Brust, zieht die Frau zu sich heran, drückt ihren Mund auf die Wunde und zwingt sie, von seinem Blut zu trinken. Damit beginnt sie selbst zu einem Vampir zu werden.

Dieses Bild des blutsaugenden Vampirs, das der irische Schriftsteller Bram Stoker (1847–1912) in seinem klassischen Dracula-Roman zeichnet, hat bis heute unsere Vorstellung geprägt. Im Buch selbst wird auf einen Fürsten namens Dracula verwiesen, der in den Türkenkriegen berühmt geworden sei und nun als Vampir vom Blut anderer Menschen lebe. Wer war dieser historische Dracula? Wie wurde er zum Vampir? Wieso hat er eine Ausstrahlung bis in die Gegenwart? Warum glauben Menschen an Vampire? Welche Wandlungen sind eingetreten? Welche Bedeutung haben Vampire heute? Wir werden sehen, dass Vampire nicht nur in Filmen, in der Literatur, in Kinderbüchern oder in der Werbung eine Rolle spielen, sondern dass es Menschen gibt, für die Vampire Bestandteil ihrer Wirklichkeit sind. Was hat das alles mit dem Fürsten Dracula zu tun?

2. Die Geschichte des Vlad Drăculea
(1431–1477)

Vlads Geburt in unruhigen Zeiten

Dracula hat es wirklich gegeben. Doch die Geschichte seines Lebens wird überdeckt von Legenden, Erfindungen und Klischees über ihn. Bereits die Umstände der Geburt Draculas – oder besser: Vlads, wie sein richtiger Name lautet – liegen im Dunkeln. Vermutlich wurde er 1431 geboren, wahrscheinlich im siebenbürgischen Schäßburg (Sighişoara, Segesvár). Vielleicht war aber Nürnberg sein Geburtsort. Dort hielt sich nämlich sein Vater – ebenfalls Vlad (um 1400–1447) – zur fraglichen Zeit auf, und es ist nicht ausgeschlossen, dass dessen schwangere Frau ihn begleitete, die aus einem moldauischen Fürstengeschlecht stammte; ihr Name ist nicht sicher überliefert. In Nürnberg wurde am 9. Februar 1431 ein Reichstag eröffnet, zu dem Sigismund von Luxemburg (1368–1437), König des Heiligen Römischen Reiches sowie Ungarns und Böhmens, geladen hatte. Das wichtigste Thema des Reichstages bildete der Kampf gegen die Hussiten. Diese religiös-revolutionäre Bewegung wollte Jan Hus (1369–1415) rächen, der 1415 während des Konzils von Konstanz entgegen einer königlichen Zusage für freies Geleit als Ketzer hingerichtet worden war. Er hatte sich geweigert, seine Lehrsätze, mit denen er die katholische Kirche reformieren wollte, zu widerrufen. Mehrere Kreuzzüge, die der König gemeinsam mit dem Papst gegen die Hussiten unternommen hatte, waren fehlgeschlagen. Jetzt forderte Sigismund von den Reichsständen – den Kurfürsten, den Reichsfürsten und den Städten – Geld für einen neuen Kreuzzug. Im Herbst 1431 sollte auch dieser scheitern. Ein endgültiger Friede wurde erst 1485 erzielt. Über seinen Misserfolg konnte sich Sigismund vielleicht damit trösten, dass er im Mai 1431 endlich in Rom zum Kaiser gekrönt worden war.

Um die Stände zur Einheit anzuhalten, wollte König Sigismund am Reichstag von Nürnberg auf eine weitere Gefahr für das Reich hinweisen: auf das vordringende Osmanische Reich. Zu diesem Zweck hatte er Vlad kommen lassen. Weil Sigismund den bisherigen Fürsten der Walachei für unzuverlässig hielt, erhob er in einer feierlichen Zeremonie Vlad zum neuen Fürsten und schlug ihn zum Ritter des Drachenordens. Diesen Orden hatte er 1408 gemeinsam mit seiner Frau, Barbara von Cilli (1390/95–1451), zum Kampf gegen «Heiden und Schismatiker», namentlich gegen die Hussiten und Osmanen, gegründet; einige Forscher gehen von einem früheren Datum aus. In der christlichen Bildkunst symbolisierte der Drache den Teufel, das Böse und das Heidentum. Die Wahl der Ordensbezeichnung sollte somit die Bereitschaft ausdrücken, ganz besondere Anstrengungen zu unternehmen, um die «Nachfolger des Urdrachens» zu vernichten. Zugleich diente der Orden dazu, die Stellung Sigismunds als König von Ungarn zu festigen und die Ritter zu gegenseitiger Hilfe zu verpflichten.

Nach vorherrschender Meinung erhielt Fürst Vlad II. durch die Aufnahme in den Orden den Beinamen «Dracul», «der Drache», sein gerade geborener Sohn die Verkleinerungsform «Drăculea», «der kleine Drache». Vlad Dracul ließ den Drachen auch als sein Zeichen auf Münzen und Siegeln abbilden. Das spricht gegen die These, seinen Beinamen, wie manchmal aufgrund einer zweiten Bedeutung des rumänischen Wortes argumentiert wird, als «der Teufel» zu verstehen. Vlad hätte sich selbst kaum so genannt. Wahrscheinlich sollte die Bezeichnung symbolisieren, dass er so mutig sei wie ein Drachenbezwinger, ähnlich wie es viele Ritter mit der Verwendung des Drachens auf Wappen, Fahnen und Helmzierden ausdrückten. Das Abzeichen des Drachenordens weist ebenfalls darauf hin: Der Drache trägt ein Kreuz auf dem Rücken – das Sinnbild für den Sieg des Christentums über das Böse. Eine weitere Deutung des Beinamens geht davon aus, dass die ursprüngliche Schreibweise «Dragul» und «Dragu(o)lea» gelautet habe, dies bedeute «der Beliebte», «der Liebliche», «der Wohlgefällige».

Warum war die Walachei so wichtig? Diese Landschaft erstreckt sich von den schroffen Bergen, dichten Wäldern und tiefen Schluchten der Südkarpaten, der Transsilvanischen Alpen, über eine fruchtbare Ebene hin zu den Sümpfen und Auwäldern des Donau-Deltas. Ein Fürstentum hatte sich im 14. Jahrhundert im Zuge der Ausdehnung des ungarischen Königreiches nach Osten gebildet. An der Spitze stand ein Woiwode, ein Begriff, der sich ursprünglich auf denjenigen bezog, der im Krieg dem Heer voranzieht, und nun Fürst bedeutete. Das Fürstentum strebte danach, sich von Ungarn unabhängig zu machen. Dazu diente auch die kirchenpolitische Unterstellung unter den Patriarchen von Byzanz: Die Bevölkerung der Walachei bekannte sich damit zur griechisch-orthodoxen Kirche gegenüber dem katholischen Ungarn. Die Bedrohung durch die Osmanen machte allerdings alle Versuche, ein selbständiges Reich zu errichten, zunichte.

Das Kerngebiet der Osmanen lag in Anatolien. Der Stamm, der sich dann seit Ende des 13. Jahrhunderts unter Führung Osmans (1259?–1324?) auszudehnen begann, war vermutlich mit einer von den Mongolen zu Beginn dieses Jahrhunderts ausgelösten Einwanderungswelle ins Land gekommen. Um 1330 wurde der Herrscher der Osmanen – einer inzwischen ethnisch gemischten, aber weitgehend turkisierten und islamisierten Bevölkerungsgruppe – zum ersten Mal als Sultan bezeichnet. Zu Beginn der 1350er Jahre hatten die Osmanen die Meerenge der Dardanellen überwunden und dann in einem schnellen Siegeslauf große Teile Südosteuropas unterworfen. Am 28. Juni 1389 kam es zur Schlacht auf dem Amselfeld (Kosovo polje) zwischen den Truppen des osmanischen Sultans Murad I. (um 1326–1389) und dem Heer des seit 1371 regierenden serbischen Fürsten Lazar (um 1329–1389), in dem Serben, Bosnier und Albaner kämpften. Bis heute dient diese Schlacht zur Begründung des Mythos von Serbiens Opferrolle als Bollwerk des Christentums gegen den Islam. Eigentlich hatte es keinen Sieger gegeben. Beide Seiten erlitten ungeheure Verluste, Sultan Murad und Fürst Lazar fielen. Aber die Osmanen erholten sich schneller, die serbischen und albanischen Herren gerieten unter ihre Oberherrschaft. Der neue Sultan, Bayezid I. (gest. 1402), eroberte Skopje und wandte sich dann nach Norden. 1395 musste sich das Fürstentum Walachei geschlagen geben und wurde zu Tributzahlungen verpflichtet.

Ein Versuch König Sigismunds, mit einem weiteren Kreuzzug diesen Vormarsch abzuwehren, scheiterte 1396. Zwar waren den Ungarn zahlreiche französische Ritter zu Hilfe geeilt, doch in der Schlacht beim bulgarischen Nikopolis konnten sie dem überlegenen osmanischen Heer nicht standhalten. Der Sieg der Mongolen über den Sultan 1402 bei Ankara schwächte dann das Reich vorübergehend. Zwanzig Jahre später setzte es, nun unter Sultan Murad II. (1403–1451), seine Eroberungszüge in Europa fort. Erneut musste die Walachei die osmanische Oberherrschaft anerkennen und Tribute zahlen. Im Innern hatte der damalige Woiwode Mircea der Alte (cel Bătrân, ca. 1386–1418) immerhin die Gunst der Stunde genutzt und seine Macht ausgebaut. Das war vor allem der wirtschaftlichen Entwicklung zugute gekommen. Zugleich hatte der Fürst versucht, sich an Ungarn, an das benachbarte Fürstentum Moldau sowie an das seit 1386 in Personalunion verbundene Königreich Polen-Litauen anzulehnen, um langfristig ein Gegengewicht gegen die Osmanen zu schaffen.

Jetzt, 1431, wollte König Sigismund ein neues Bündnis gegen die Osmanen zustande bringen. Der Walachei kam dabei eine wichtige strategische Rolle zu. In der damaligen Zeit war sie keineswegs ein fernes, unbekanntes Land. Deutsche Kaufleute handelten mit den vorwiegend aus Deutschland zugewanderten «Sachsen» – eine unzutreffende Bezeichnung im Blick auf ihre Herkunft –, die die Städte Siebenbürgens im Karpatenbecken besiedelten, und aus den Karpaten selbst bezogen sie Erze für die Rüstungsproduktion. Der Wirtschaftsaufschwung der Walachei begünstigte diese Handelsbeziehungen. Dieses Land sollte nicht in die Hände der «Türken» fallen. Nach einer Zwischenperiode unter einem schwachen Fürsten und erbitterten inneren Kämpfen sollte Vlad II. Dracul, ein Sohn Mircea des Alten, die Gewähr bieten, dass von der Walachei aus die Osmanen zurückgedrängt werden könnten.

Aber es war nicht so einfach, eine gemeinsame christliche Front gegen die muslimischen Osmanen zu schmieden. Das einstmals mächtige Oströmische Reich von Byzanz war längst auch nur noch ein Vasall der Eroberer. Ebenso waren die Herrschaften und Fürstentümer im südosteuropäischen Raum geschwächt, zersplittert und teilweise bereits in osmanischem Besitz. Wo sollten Bündnispartner gewonnen werden? England und Frankreich waren zwar dabei, ihren Hundertjährigen Krieg allmählich zu beenden, nachdem Jeanne d'Arc (geb. um 1412) am 30. Mai 1431 von den Engländern als Hexe verbrannt worden war. Aber beide Länder brauchten Zeit, um sich im Innern wieder zu stabilisieren, und waren außenpolitisch noch nicht wieder voll handlungsfähig. Lediglich Philipp der Gute, Herzog von Burgund (1396–1467), sah eine Möglichkeit, in einem Bündnis gegen die Osmanen seine eigene Macht – gerade auch gegenüber Frankreich – zu stärken. Die christlichen Königreiche auf der Iberischen Halbinsel hatten selbst die Herrschaft der muslimischen Mauren zurückgedrängt – die letzten Stützpunkte sollten 1492 fallen –, aber ihre Interessen richteten sich nicht vorrangig gegen das Osmanische Reich. Heinrich der Seefahrer (1394–1460), Sohn des Königs von Portugal, begann, die Westküste Afrikas zu erkunden. In Nordeuropa waren die Reiche durch innenpolitische Probleme gelähmt. Die Hanse, das Städtebündnis in diesem Raum, hatte mit der Hinrichtung Klaus Störtebekers 1401 die Bedrohung ihrer Schifffahrtswege durch die Freibeuterei der «Vitalienbrüder» beseitigt, musste jedoch wiederholt ihren Einfluss durch Kriege verteidigen. Das Heilige Römische Reich war in sich von widerstreitenden Mächten zerrissen, die kaiserlich-königliche Zentralgewalt verlor mehr und mehr an Durchsetzungskraft. Der Papst, nicht nur Oberhaupt der katholischen Kirche, sondern auch ein starker weltlicher Herr im Kirchenstaat, rief immer wieder zum Kreuzzug gegen die «Ungläubigen» auf. Seine Autorität hatte aber unter dem langen Schisma – der Spaltung der Kirche mit mehreren Gegenpäpsten – sowie unter zahlreichen Schriften von Geistlichen und Gelehrten, die Missstände in der Kirche kritisierten oder an der Unfehlbarkeit des Papstes zweifelten, gelitten. Uneinig waren sich auch die großen Herrschaften der Apenninen-Halbinsel: die Republik Venedig, das Herzogtum Mailand, die Stadtstaaten Genua und Florenz sowie die Königreiche Neapel und Sizilien. Wie sollte unter diesen Umständen eine Allianz gegen das Osmanische Reich zustande kommen? In diese unruhige Zeit wurde Vlad hineingeboren.

Kindheit und Jugend im Schatten vieler Kriege

Der kleine Vlad wuchs bis zu seinem zehnten Lebensjahr am Hof seines Vaters auf, überwiegend in der walachischen Hauptstadt Târgovişte. Allerdings konnte Vlad Dracul die Herrschaft nicht sofort übernehmen. Nicht nur Sigismund, sondern auch der osmanische Sultan hatte den bisherigen Woiwoden als zu unzuverlässig ersetzen wollen. Und der Sultan war schneller gewesen: In der Walachei regierte nun Vlad Draculs Halbbruder Alexandru I. Aldea (vor 1418–1435 oder 1436). Dieser versuchte, sich vom Sultan etwas weniger abhängig zu machen, fand jedoch keine Bündnispartner, so dass Vlad Dracul allmählich die Oberhand gewann. Aber erst 1436 gelang es ihm, in Târgovişte die Herrschaft als Woiwode anzutreten; Alexandru war kurz zuvor gestorben.

Dass der Fürstenthron umstritten war, hing keineswegs nur von den Osmanen ab. Verantwortlich dafür waren auch die sozialen und wirtschaftlichen Verhältnisse in der Walachei und im benachbarten Siebenbürgen. Die Mehrheit der Bevölkerung in der Walachei stellten rumänische Bauern und Hirten. Sie waren überwiegend noch persönlich frei, gerieten aber gerade in der Zeit, die uns interessiert, in immer stärkere Abhängigkeit von den Großadligen, den Bojaren. Diese bauten – auch auf Kosten der mittleren und kleinen Bojaren – ihre Grundherrschaften aus, in denen sie weitgehend schalten und walten konnten, wie sie wollten. Sie überließen den Bauern gegen Naturalabgaben und besondere Dienstleistungen Teile ihres Landes zur Nutzung. Diese Abhängigkeit sollte Schritt für Schritt in die Leibeigenschaft führen. Die hohen Bojaren bildeten zusammen mit kirchlichen Würdenträgern und Inhabern von Hofämtern einen Rat, den der Fürst bei wichtigen Fragen anhören musste und der – in erweiterter Form – auch den Fürsten wählte. Um in einer noch nicht abschließend geregelten Sozialordnung ihre Macht zu erweitern, spielten sie häufig die verschiedenen Kandidaten gegeneinander aus.

Wirtschaftlich war die Walachei eng mit Siebenbürgen verflochten. Das galt insbesondere für die fruchtbaren Gebiete im Süden und Nordosten des Landes mit den Zentren Hermannstadt (Sibiu), Kronstadt (Brașov), Schäßburg (Sighișoara) und Bistritz (Bistrița). Hier siedelten die «Sachsen», betrieben Ackerbau mit hohen Erträgen, bauten Gold, Erze und Salz ab, waren gefragte Handwerker und hatten den Handel in der Hand. Kronstadt war darüber hinaus ein Zentrum der Waffenherstellung, nicht zuletzt der modernen Schusswaffen. Der walachische Fürst, der mit den Lehen Făgăraș und Amlaș auch Besitzungen im südlichen Siebenbürgen hatte, musste auf diese Städte Rücksicht nehmen. Die «Sachsen» genossen Selbstverwaltung mit eigenem deutschem Recht, und der ungarische König hatte ihnen zudem freies Grundeigentum zugesichert. Einer ähnlichen Autonomie erfreuten sich die Szekler, die wahrscheinlich aus Mittelasien stammten, den Südosten Siebenbürgens bewohnten und vor allem die Grenze bewachen sollten. Diese Aufgabe war ursprünglich auch rumänischen Wanderhirten zugefallen, die in den Randregionen angesiedelt worden waren. Sie stellten die bevölkerungsmäßig größte Gruppe. Daneben übten noch ungarische Bauern die Landwirtschaft aus. Über allen erhob sich der ungarische Adel, aus dessen Reihen der Woiwode von Siebenbürgen bestimmt werden musste. Er hatte begonnen, seine soziale Stellung auszuweiten, und insbesondere einen Großteil der ungarischen und rumänischen Bauern und Hirten zu Leibeigenen gemacht. Dies barg Zündstoff.

Die Lage wurde noch dadurch verschärft, dass sich die Mehrheit der siebenbürgischen Bevölkerung zum römisch-katholischen Glauben bekannte, während sich die Rumänen der griechisch-orthodoxen Kirche zugehörig fühlten. Wiederum wird hier eine Verflechtung mit der Walachei sichtbar: Die katholische Kirche wollte ihren Einflussbereich auf die Rumänen in Siebenbürgen und der Walachei ausdehnen, und der ungarische König schloss sich diesen Bemühungen an, um die Walachei unter Kontrolle zu bringen. Vlad Dracul war auserkoren, diese Absichten in die Tat umzusetzen. Wahrscheinlich war er zum Katholizismus übergetreten, und das hatte ihm König Sigismunds Unterstützung gesichert. Kurz nach seinem Herrschaftsantritt ernannte er 1436 auch einen katholischen Bischof für die Walachei. Allerdings musste er vorsichtig sein, denn seine Machtbasis war keineswegs gesichert.

Sehr bald bekam Vlad Dracul die unsichere Lage zu spüren. 1437 fielen osmanische Truppen von Serbien her in Siebenbürgen ein. Die dortigen Unterschichten, die rumänischen und ungarischen Bauern sowie arme «Sachsen», nutzten die Situation und erhoben sich, um ihre alten Freiheiten wieder zu erlangen. Zunächst hatten sie Erfolg und schlugen das Adelsaufgebot. Sie erhielten das Recht, sich ihren Aufenthaltsort selbst zu wählen, und konnten eine Minderung der Abgaben durchsetzen. Doch der Adel nahm diese Schmach nicht hin. Mit den Oberschichten der «Sachsen» und Szekler schloss er gegen die «Türken» und gegen die Bauern einen Bündnisvertrag der «Drei Nationen». Dieser Begriff ist nicht mit unserem heutigen Nationsverständnis identisch, sondern meinte damals eher eine Körperschaft von Menschen ähnlicher territorialer Herkunft; Unterschichten waren nicht eingeschlossen. Dem vereinigten Heer der «Drei Nationen» waren die Bauern nicht gewachsen. 1438 erlitten sie eine vernichtende Niederlage. Die Rache der Sieger war schrecklich, aber es blieb doch die Furcht, dass sich derartige Aufstände wiederholen könnten.

Der junge Vlad wird vielleicht einiges von den Nachrichten über Schlachten und Gewalttaten mitbekommen haben, wohl auch von den Ängsten, was denn in der Walachei zu erwarten sei. Sein Vater kam jedenfalls zu der Überzeugung, dass er gegen die Osmanen nicht auf Hilfe aus Siebenbürgen oder Ungarn rechnen könne. Im Spätsommer 1437 zog er Sultan Murad II. entgegen, der sich selbst an die Spitze seines Heeres gestellt hatte, und entrichtete ihm den fälligen Tribut. Ein Jahr später holte der Sultan zu einem neuen Feldzug aus. Er erschien diesmal in der Walachei und stieß von dort über die Karpatenpässe nach Siebenbürgen vor. Ein zweites osmanisches Heer operierte in

Serbien, wo Georg Branković (um 1375–1456) den Widerstand organisierte. Vlad Dracul blieb nichts anderes übrig, als die Osmanen mit Truppen und Lebensmitteln zu unterstützen. Aber er versuchte doch, seinen Einfluss geltend zu machen, um das Schlimmste zu verhüten und sich die Siebenbürger nicht völlig zum Feind zu machen. Als Murad die Sachsenstadt Mühlbach (Sebeș) belagerte, konnte Vlad ihn zur Schonung der Bevölkerung bewegen, soweit sie sich freiwillig in seine Hand begeben werde. Die Obersten der Stadt sollten in die Walachei, der Rest der Bevölkerung in die Türkei geführt werden, wo ihnen Land zur Verfügung gestellt würde. Falls sie es wünschten, könnten sie nach Siebenbürgen zurückkehren. Unter diesen Bedingungen ergab sich die Mehrheit der Einwohner. Diejenigen, die sich doch noch wehrten, wurden erbarmungslos getötet; einige Überlebende wurden auf den Sklavenmarkt getrieben.

Vlad Dracul ließ seine Gefangenen bald wieder frei. Es wird deutlich, wie er zwischen den Mächten zu lavieren suchte. Doch angesichts der Zerstrittenheit, die unter den Gegnern der Osmanen herrschte, war das gar nicht so einfach. 1439 blieb die Walachei von Kampfhandlungen verschont. Dafür konnte das osmanische Heer in Serbien große Erfolge erzielen. Noch im selben Jahr kam es zu neuen Spaltungen auf ungarischer Seite. Nach dem Tod König Sigismunds 1437 war ihm sein Schwiegersohn Albrecht II. (1397–1439) als ungarischer und böhmischer, ein Jahr später auch als deutscher König gefolgt. Doch schon 1439 starb er. Jetzt entbrannten heftige Zwistigkeiten zwischen verschiedenen Adelsparteien. Die eine wollte Albrechts Sohn, der erst 1440 geboren und deshalb Ladislaus Posthumus (1440–1457) genannt wurde, auf dem Thron sehen. Die andere trat für eine Personalunion mit dem polnisch-litauischen König Władisław III. Jagiełło (1424–1444) ein. Polen-Litauen war damals eine Großmacht. Sie wurde für fähig gehalten, das Osmanische Reich entscheidend zu besiegen. Darüber hinaus würde dieses Königreich helfen, die griechisch-orthodoxe Kirche zum Katholizismus zu bekehren.

Das waren die stärkeren Argumente. Sie gewannen nicht zuletzt dadurch an Gewicht, dass sie von einem bedeutenden Feld-

herrn vorgebracht wurden: Johann Hunyadi (um 1407/09–
1456). Dieser hatte sich im Kampf gegen die Osmanen bereits
einen Namen gemacht und 1439 in Serbien eine noch größere
Niederlage abgewendet. Daraufhin war er vom König in den
Hochadel aufgenommen worden. Trotzdem konnte er jetzt
nicht verhindern, dass sich die beiden Parteien mit ihren Heeren
bekämpften, während die osmanischen Truppen Serbien und
Siebenbürgen verwüsteten. Nach dem Sieg der Anhänger
Władisławs zeigte sich, wie erfolgreich ein offensives Vorgehen
gegen die Osmanen sein konnte: Hunyadi, zum Woiwoden von
Siebenbürgen und Generalkapitän von Belgrad ernannt, warf
1441 einen Angriff auf Belgrad zurück. 1442 gelang es ihm sogar, in Siebenbürgen und dann in der Walachei starke osmanische Kräfte zu schlagen. Eine Wende schien eingeleitet, das
bisher fast unaufhaltsame Vordringen der Osmanen zum Stehen
gebracht und ihr Zurückdrängen über die Dardanellen in
Reichweite gerückt. Vlad Dracul sah nun die Möglichkeit, auf
die ungarische Seite zurückzukehren. Schon der Feldzug von
1442 in der Walachei hatte ihn an Hunyadis Seite gefunden. Allerdings soll ihn dieser misstrauisch beobachtet haben.

Dafür bestand auch aller Grund. Vlad Draculs Schwanken
zwischen den Mächten und seine Neigung, je nach Kräftever-
hältnis mal den Osmanen und mal den Ungarn Beistand zu leisten, war zwar verständlich, führte aber dazu, dass er als unzuverlässig galt. Dieser Ansicht war auch der Sultan. Deshalb hatte er 1440 Vlad Dracul aufgefordert, ihm zwei seiner Söhne als
Geiseln zu übergeben. Vlad kannte die Situation: Er war selbst
viele Jahre Geisel am Hof König Sigismunds gewesen, um für
die Treue seines Vaters zu bürgen. Jetzt entschied er, seinen ältes-
ten Sohn Mircea (1422–1447) bei sich zu behalten und die jüngeren Söhne Vlad Drăculea und Radu (um 1436–1475) an den
Hof des Sultans zu schicken.

Die beiden Söhne teilten das Schicksal vieler Kinder christlicher Herren, die der Sultan aufnahm, um sich des Einverneh-
mens mit seinen Vasallen zu versichern. Zugleich sollten die
Geiseln sorgfältig erzogen werden, um später einmal im Geiste
und Interesse des Sultans als Feldherren oder hohe Amtsträger

dem Osmanischen Reich zu dienen, vielleicht sogar in ihrem Heimatland als Gefolgsleute des Sultans zu herrschen. Eine der bekanntesten Geiseln war der Sohn eines albanischen Adligen: Georg Kastriota (um 1405–1468). Er war inzwischen in osmanischen Diensten aufgestiegen, zum Islam übergetreten und hatte sich militärisch ausgezeichnet, Aufgaben in Albanien übernommen und den Namen Iskender Beg erhalten, der umgangssprachlich als «Skanderbeg» – Fürst Alexander – überliefert ist. Ob sich Skanderbeg und Vlad Drăculea nach 1440 am Hof des Sultans begegnet sind, ist nicht bekannt. Der Albaner sollte aber indirekt im Leben seines viel jüngeren Schicksalsgenossen eine wichtige Rolle spielen. 1442 nahm Skanderbeg auf osmanischer Seite am missglückten Feldzug in Siebenbürgen teil. Während des Rückzuges fühlte er sich von seinen Mitkämpfern verraten; möglicherweise traf er mit Hunyadi zusammen. 1443 fiel er dann vom Sultan ab und führte bis zu seinem Tod Krieg gegen das Osmanische Reich. Lange Zeit hat man angenommen, er habe diesen Schritt aus Enttäuschung darüber unternommen, dass ihm Sultan Murad nach dem Tod seines Vaters 1437 nicht dessen Besitzungen als Erbe übergeben hatte. Erst neueste Forschungen haben ergeben, dass Skanderbeg erfahren hatte, Murad habe die Ermordung seines Vaters veranlasst. Um seine Ehre zu bewahren, musste er Rache üben. 1443 war der geeignete Augenblick gekommen. Er wechselte nicht nur die Seite, sondern war zuvor offenbar zusammen mit Murads Gattin Mara, einer Tochter des serbischen Fürsten Branković, auch die treibende Kraft einer Verschwörung am Sultanshof, der in diesem Jahr der osmanische Kronprinz zum Opfer fiel.

Warum war der Zeitpunkt für den Abfall vom Sultan so günstig? Hunyadis Siege ließen eine Vertreibung der Osmanen in greifbare Nähe rücken. 1443 kam ein Bündnis zwischen Władysław Jagiełło, dem König von Ungarn und Polen-Litauen, Fürst Branković und Ibrahim, dem Herrscher des noch von den Osmanen unabhängigen türkischen Fürstentums Karaman in Ostanatolien, zustande. In Griechenland erhoben sich Aufständische unter der Führung Konstantin Palaiologos (1405?–1453), des späteren letzten Kaisers von Byzanz. Hunyadi konnte böhmische Söldner anwerben, die in den Hussitenkriegen Kampferfahrung gesammelt hatten. Hinzu gesellten sich Truppen aus Bosnien. Aus der Walachei erschien ebenfalls eine Einheit, wenngleich kleiner als erwartet und ohne Vlad Dracul persönlich. Vermutlich wollte dieser den weiteren Gang der Dinge abwarten und vor allem seine Söhne, die in osmanischer Gewalt waren, nicht gefährden. Zunächst bestand noch Hoffnung, dass sich weitere christliche Reiche dem Bündnis anschließen würden, hatte doch Papst Eugen IV. (um 1383–1447) am 1. Januar 1443 zum Kreuzzug gegen die Osmanen aufgerufen. Damit wollte er auch eine 1439 vereinbarte Union zwischen katholischer und orthodoxer Kirche verwirklichen. Doch die Zerstrittenheit überwog das gemeinsame Interesse an einer Abwehr der Gefahr aus dem Osten. Trotzdem gelang dem Heer unter Hunyadis Führung zunächst ein erfolgreicher Vormarsch, der allerdings Anfang 1444 wegen des Winters und ausbrechender Krankheiten abgebrochen werden musste.

Der Papst versprach neue Hilfe, und die Venezianer und Genuesen – ausnahmsweise vereint – sagten zu, eine Flotte zur Verfügung zu stellen, um die Verbindung zwischen den europäischen und kleinasiatischen Teilen des Osmanischen Reiches zu sperren. In Albanien errang Skanderbeg Siege gegen den Sultan und bot Władysław ein Bündnis an. Doch dieser zögerte, ebenso Hunyadi. Der Adel in Polen und Ungarn stimmte gegen eine Fortsetzung des Krieges, weil die unmittelbare Bedrohung beseitigt war und der König mit seinem «Emporkömmling» Hunyadi nicht weitere Macht bekommen sollte. Zudem lockte der Sultan mit einem großzügigen Friedensangebot, das die Räumung Bosniens und Serbiens, die Anerkennung der Oberherrschaft Ungarns in der Walachei und eine Kriegsentschädigung vorsah. Władysław ging darauf ein, so dass die Osmanen mit dem Rückzug aus den genannten Gebieten begannen. Der Sultan wandte sich nach Anatolien, um Ibrahim von Karaman zu schlagen.

Aber nur wenige Tage später ließ sich Władysław vom päpstlichen Gesandten, Kardinal Giuliano Cesarini (1389–1444), überreden, seiner Pflicht als christlicher Herrscher nachzukommen, den Vertrag zu brechen und den Krieg wieder aufzunehmen. Da sich der Adel weitgehend verweigerte und auch Branković absagte, blieb das Kreuzfahrerheer verhältnismäßig klein. Auf seinem Zug donauabwärts in Richtung Schwarzmeerküste plünderte es die orthodoxen Kirchen und plagte die Bevölkerung. Eine Abteilung der Inquisition suchte nach Ketzern, da man hier Anhänger der «Bogumilen» («Gottesfreunde») vermutete, die hauptsächlich in Bosnien gegen die Kirchen in Ost und West protestierten und eine Rückkehr zur reinen Lehre Jesu sowie ein streng moralisches Leben verlangten. Die katholische Kirche billigte es, sie zu verfolgen und in die Sklaverei zu verkaufen.

Vor Nikopolis traf das Heer mit Einheiten Hunyadis aus Siebenbürgen und mit den Truppen Vlad Draculs zusammen. Dieser hatte jetzt nicht vermeiden können, selbst an der Spitze zu stehen. Im Kriegsrat trat er energisch gegen eine Fortsetzung des Feldzuges auf. Die vereinigte Armee sei zu klein, sie habe keine Chance auf einen Sieg. Als ihm Hunyadi daraufhin Verrat und Zusammenarbeit mit den Osmanen vorwarf, zog er seinen Dolch. Nur mit Mühe konnte ein Zweikampf verhindert werden. Vlad verzichtete aber auf die weitere Führung seiner Leute und überließ seinem Sohn Mircea das Kommando.

Die Strategie der Kreuzfahrer ging nicht auf. Die venezianische Flotte sperrte die Dardanellen nur unzureichend, weil die Stadtrepublik heimlich mit dem Sultan verhandelte. Genua stellte sogar gegen entsprechende Zahlungen Schiffe zur Verfügung, damit das osmanische Heer von Anatolien nach Europa übersetzen konnte. Beiden Mächten war die Sicherung ihrer Wirtschaftsinteressen und ihrer Kolonien in Südosteuropa sowie in Kleinasien wichtiger als die uneingeschränkte Unterstützung eines Krieges mit ungewissem Ausgang. Ein burgundischer Flottenverband erreichte die Meerenge zu spät. Bei Varna kam es am 9. November 1444 zur Entscheidungsschlacht. Obwohl die osmanische Armee der christlichen zahlenmäßig weit überlegen war, schien Hunyadi mit einer geschickten Taktik doch Erfolg zu haben. Dann aber fühlte sich König Władisław bemüßigt, eine heroische Ritter-Attacke auf das Zentrum der Feinde zu führen. Sie endete nicht nur mit seinem Tod, sondern mit einer vollständigen Niederlage des gesamten Heeres. Auch Kardinal Cesarini überlebte die Schlacht nicht. Mircea hatte die walachischen Truppen so weit wie möglich aus dem Kampf herausgehalten. So lag es nahe, ihn zum Sündenbock für die Niederlage zu machen.

Die Beziehungen zwischen Ungarn und der Walachei waren jedenfalls zerrüttet. Dazu trug weiter bei, dass Vlad Dracul den in sein Land fliehenden Hunyadi gefangen setzte. Wahrscheinlich wollte er damit ein Pfand in der Hand haben, das er je nach der neuen Mächtekonstellation verwenden konnte. Als sich der Sultan uninteressiert zeigte und nach Griechenland wandte, näherte sich Vlad wieder Ungarn an, ließ Hunyadi, mit Geschenken überhäuft, frei und nahm 1445 auf dessen Seite an einem kleinen Feldzug gegen die Osmanen teil. Er musste jedoch feststellen, dass kein großes Bündnis gegen den Sultan mehr zustande kommen würde und nur noch Skanderbeg in Albanien Erfolge vorweisen konnte. Daraufhin ging er 1446 auf das Bündnisangebot einer osmanischen Gesandtschaft ein. Er musste sich verpflichten, keine militärische Aktion mehr gegen das Reich zu unternehmen, wieder Tribut zu zahlen und diejenigen Bulgaren auszuliefern, die Hunyadi ein Jahr zuvor auf walachisches Gebiet umgesiedelt hatte.

Das konnte Ungarn nicht hinnehmen. Hunyadi, der für den nun doch als König vorgesehenen, aber noch unmündigen Ladislaus Posthumus als Reichsverweser amtete, plante einen neuen Krieg gegen die Osmanen und musste sich dafür die Walachei sichern, um auf ihre Truppen und ihre Wirtschaftskraft zurückgreifen zu können. Er knüpfte Kontakte zu walachischen Bojaren, die Vlad Dracul ablehnten, und fiel im November 1447 in die Walachei ein. Vlads Einheiten wurden geschlagen, sein Sohn Mircea gefangen genommen und hingerichtet, er selber auf der Flucht getötet. Hunyadi ernannte Vladislav II. (?–1456) aus der Linie der Dăneşti zum neuen Woiwoden und setzte auch in der Moldau einen ihm ergebenen Fürsten ein. Die Dăneşti rivalisierten mit den Drăculeşti. Beide Linien gingen auf denselben Vor-

fahren zurück; die Bezeichnungen wurden vermutlich im Nachhinein zugeteilt.

Wie viel der junge Vlad von all diesen Vorgängen erfuhr, wissen wir nicht. Wir kennen nicht einmal seinen genauen Aufenthaltsort. 1446 hatte die osmanische Gesandtschaft seinen Vater
von seinem guten Gesundheitszustand unterrichtet. Offenbar
musste er nicht, ebenso wenig wie sein jüngerer Bruder, unter
den politischen Seitenwechseln seines Vaters leiden. Man
brauchte ihn, um ihn in geeigneten Situationen – etwa bei Bünd-
nisverhandlungen – als Druckmittel nutzen zu können. Er wurde weiterhin wie ein künftiges Mitglied der osmanischen Elite
erzogen. Abgesehen von der Geiselnahme war Murad II. dazu
übergegangen, alle fünf Jahre in den europäischen Teilen seines
Reiches eine «Knabenlese» (devşirme) durchzuführen, nämlich
je nach Bedarf eine bestimmte Anzahl christlicher Jungen zwischen 10 und 15 Jahren ihren Eltern wegzunehmen und sie in
osmanischer Sprache und Kultur sowie islamischer Religion er-
ziehen zu lassen. Gemäß ihrer Eignung konnten sie im Palast-
dienst bis zum Großwesir, dem Stellvertreter des Sultans, aufsteigen oder in die Elitetruppe der Janitscharen eintreten. Der
Sultan wollte auf diese Weise den Einfluss des Hochadels min-
dern, seine eigene Macht stärken und die Verwaltung seines
Reiches verbessern.

Jetzt, Anfang 1448, als die Nachrichten vom Umschwung in
der Walachei am Sultanshof eintrafen, wurde Vlad Drăculea
umgehend zum rechtmäßigen Thronanwärter erklärt. Sultan
Murad sicherte ihm zu, ihn bei der Durchsetzung seiner Ansprüche zu unterstützen, und verlieh ihm einen osmanischen
Adelstitel. Bald sah es so aus, als könne er als Siebzehnjähriger
sein Erbe reibungslos antreten.

Zwischen Macht und Ohnmacht

Hunyadi fühlte sich im Sommer 1448 stark genug, um erneut
das Osmanische Reich anzugreifen. Neben seinen eigenen Truppen standen ihm zahlreiche Söldner zur Verfügung, und anders
als der Serbenfürst Branković, der seinem Abkommen mit dem

Sultan treu blieb, beteiligte sich Vladislav II. mit einem größeren walachischen Aufgebot als sein Vorgänger an diesem Feldzug. Diese günstige Gelegenheit nutzte Vlad Drăculea, um in Begleitung einer kleinen osmanischen Einheit die Macht in der Walachei an sich zu reißen. Er traf kaum auf Widerstand. Über seine Politik als neuer Woiwode ist nichts bekannt. Ohnehin dauerte sein Glück nicht lange.

Mit seiner Streitmacht zog Hunyadi nach Südwesten, um sich den Truppen Skanderbegs zu nähern und in einem Zangenangriff die osmanische Armee zu vernichten. Er hatte deren Kriegführung genau studiert, die der Strategie der Ritterheere weit überlegen war. Dennoch scheiterte sein Feldzug. Skanderbeg musste sich nicht nur gegen Vorstöße der Osmanen wehren, sondern sich auch mit albanischen Adligen auseinandersetzen, die gegen den Krieg auftraten, und ebenso mit Venedig, das in Albanien Besitzungen hatte und nicht bereit war, das antiosmanische Bündnis zu unterstützen. Viel zu lange wurde er durch diese Kämpfe, bei denen er herbe Niederlagen einsteckte, aufgehalten. Der Sultan hatte inzwischen Mitte Oktober 1448 durch ein geschicktes Manöver Hunyadi zur Schlacht auf dem Amselfeld gezwungen, auf dem 1389 schon einmal ein entscheidender Waffengang stattgefunden hatte. Drei Tage dauerte der Kampf. Skanderbeg, der mit seinen Einheiten in Eilmärschen heranzog, kam bis auf 30 Kilometer an das Schlachtfeld heran, konnte den Ausgang aber nicht mehr beeinflussen: Hunyadis Heer erlitt eine verheerende Niederlage. Die Hoffnung, das Osmanische Reich zurückdrängen zu können, musste für viele Jahre begraben werden.

Als der Kampf aussichtslos geworden war, hatte sich Vladislav II. entschlossen, mit seinen walachischen Truppen abzurücken. Es bereitete ihm keine große Mühe, Vlad Drăculea wieder zu verjagen, da es diesem nicht gelungen war, in der kurzen Zeit seiner Herrschaft eine Machtbasis aufzubauen. Vlad konnte nicht einmal verhindern, dass sich Vladislav angesichts des neuen Kräfteverhältnisses dem Sultan annäherte und Tribut zahlte. Selbst ein Kontakt mit dem gleichaltrigen Mehmed (1432–1481), dem Sohn des Sultans, der als Thronfolger vorgesehen war, änderte nichts daran, dass die osmanische Reichsspitze in realistischer Einschätzung der Lage für Vlad derzeit keine Chance sah.

Wahrscheinlich war Vlad Dräculea über dieses Verhalten tief enttäuscht. Jedenfalls kehrte er nicht dauerhaft an den Hof des Sultans zurück, sondern wechselte in das Fürstentum Moldau. Vielleicht hoffte er, dass ihm seine dortigen Verwandten eher gegen Vladislav, aber auch gegen Ungarn helfen würden. Zunächst wurde daraus nicht viel. Vlad geriet in politische Wirren, in die sich Ungarn ebenso wie Polen einmischte. Am Ende musste er im Winter 1451 nach der Ermordung des moldauischen Woiwoden Bogdan II. zusammen mit dessen Sohn, Vlads Vetter Stefan (1437–1504), der später den Beinamen «der Große» (cel Mare) erhalten sollte, nach Siebenbürgen ausweichen. Kurz zuvor war im Osmanischen Reich Mehmed II. auf den verstorbenen Murad gefolgt. Sein späterer Beiname «der Eroberer» weist schon darauf hin, dass er keineswegs daran dachte, sich auf eine Friedenspolitik zu beschränken oder gar einen Rückzug einzuleiten, sondern weiter nach Westen vordringen wollte.

In Siebenbürgen gelang es den beiden Thronanwärtern, gute Beziehungen zu den Städten der «Sachsen» herzustellen. Sie informierten sich über deren wirtschafts- und handelspolitische Bedeutung und stellten fest, dass sie wichtige Bündnispartner sein konnten. Von Kronstadt aus nahm Vlad Kontakt zu walachischen Bojaren auf, die mit der Herrschaft Vladislavs unzufrieden waren. Die Stadtoberen duldeten dies, weil Vladislav dadurch nicht daran denken konnte, etwas gegen die Siebenbürger Städte zu unternehmen. Als Hunyadi Kronstadt im Februar 1452 aufforderte, Vlad das Aufenthaltsrecht zu entziehen, geschah erst einmal nichts. Vlad war zu nützlich, und darüber hinaus wusste man, dass Hunyadi nach seiner Niederlage an Macht eingebüßt hatte: Er war als Woiwode von Siebenbürgen abgesetzt worden und hatte weitere hohe Ämter verloren. 1452 wurde zudem Ladislaus Posthumus volljährig, und damit endete auch Hunyadis Zeit als Reichsverweser.

Von Vlads Aufenthaltsorten und seinem Wirken zwischen Ende 1452 und 1455 ist wenig überliefert. Sicher beobachtete er aufmerksam, was in Ungarn und vor allem, was im Osmanischen Reich vor sich ging. 1453 eroberten dessen überlegene Truppen Konstantinopel, das 1457 die neue Hauptstadt wurde. Damit war das Kaiserreich von Byzanz endgültig aufgelöst. Der Fall dieses «Bollwerks des Christentums» erschütterte die abendländische Welt, führte allerdings nicht zu vereinten Anstrengungen, die Osmanen zurückzuschlagen. Mehmed zögerte nicht, seinen Vormarsch fortzusetzen. 1454 und 1455 besetzten seine Heere weite Teile Serbiens. Auf Branković wurde keine Rücksicht mehr genommen. Anfang Juli 1456 stand der Sultan vor Belgrad. Mit der Eroberung dieser Stadt wäre der Weg in das Zentrum Ungarns frei geworden.

Hunyadi war erneut gefordert. Er wusste, dass Mehmed durch innenpolitische Maßnahmen seine Stellung wesentlich gestärkt hatte. Das Militärwesen war tiefgreifend verbessert worden. Der Aufbau einer Flotte sollte die Seeverbindung zwischen den Reichsteilen gewährleisten. Ein neues Thronfolgerecht sicherte die Unteilbarkeit der Herrschaft: Der Sultan bestimmte den fähigsten seiner Söhne zur Nachfolge, und wenn dieser den Thron bestieg, hatte er die Pflicht, seine Brüder töten zu lassen – so wie Mehmed es selbst praktiziert hatte. Auf größere Hilfeleistungen christlicher Reiche konnte sich Hunyadi nicht verlassen. Er musste die innere Kraft Ungarns stärken. Und das war die Chance für Vlad Drăculea.

Der ungarische König räumte den Siebenbürger Städten neue Rechte, namentlich der Zollerhebung, an den Pässen zur Walachei ein, wenn sie dafür die dortigen Befestigungen wieder aufbauten. Dies missfiel Vladislav, weil die Handelswege zwischen Siebenbürgen und der Walachei dadurch unter die Kontrolle der Städte gerieten. Als Hunyadi auch noch die walachischen Lehen in Siebenbürgen besetzte, brach Vladislav mit ihm. Dieser wandte sich daraufhin Vlad zu, für den sich auch die Städte einsetzten, und stellte ihn dem König vor. Dann musste Hunyadi nach Belgrad ziehen, um zu versuchen, die Stadt vor der Eroberung zu retten. Er vertraute Vlad den Schutz Siebenbürgens an. Dieser war dadurch seinem Ziel ein gutes Stück näher gekommen.

Zunächst sah es so aus, als sei Belgrad hoffnungslos verloren. Das ungarische Entsatzheer war viel zu klein. Da kam unerwartete Hilfe. Johann Capistrano (1386–1456), einem Franziskanermönch, der mit seiner Rednergabe Volksmengen aufstacheln konnte und unnachsichtig die «Ketzer» in den eigenen Reihen ebenso wie die Juden verfolgte, gelang es, eine Massenbewegung gegen die «ungläubigen» Muslime zustande zu bringen. Diese neue Streitmacht eilte, schlecht bewaffnet, aber von Glaubensfanatismus erfüllt, Ende Juli 1456 zusammen mit Hunyadis Truppen nach Belgrad und überrannte die osmanische Armee. Mehmed musste sich zurückziehen. Doch dieser Sieg wurde teuer erkauft: Hunyadi, Capistrano und ein Großteil des Christenheeres fielen der Pest zum Opfer. Viele Soldaten wurden auch von Bauern erschlagen, weil diese deren Plünderungen nicht länger hinnehmen wollten.

Vlad Drăculea, der sich des ungarischen Einverständnisses sicher glaubte und nun kein Eingreifen des osmanischen Sultans fürchten musste, drang sogleich mit siebenbürgischen Einheiten in die Walachei ein. Vladislav wurde geschlagen, gefangen genommen und auf dem gleichen Platz in der Hauptstadt Târgoviște hingerichtet wie Vlads Bruder Mircea. Vlad III. Drăculea bestieg erneut den Fürstenthron der Walachei.

Die Herrschaft des Woiwoden

Vlad wusste, dass seine Herrschaft zwar im Augenblick unbestritten war, aber auf Dauer erst noch gefestigt werden musste. Seine ersten Verhandlungen machten ihm klar, dass er ein Spielball der Mächte war und sich auf keine geschlossenen sozialen und politischen Kräfte stützen konnte. Kurz nacheinander war er im September 1456 gezwungen, dem ungarischen König ebenso wie dem osmanischen Sultan den Treueid zu leisten. Den Osmanen musste er auch wieder Tribute zahlen – dazu sollte er sogar persönlich am Hof erscheinen – und das militärische Durchzugsrecht durch die Walachei nach Siebenbürgen zugestehen. Dass die Siebenbürger Städte ihm Waffenhilfe gegen die Osmanen zusagten und ihm im Fall einer Vertreibung Asyl in

Kronstadt versprachen, nützte ihm nicht viel. Dafür musste er ihnen, als Gegenleistung für ihre Unterstützung seines Thronanspruchs, die alten Handelsrechte wieder einräumen, die Vladislav eingeschränkt hatte. Auf außenpolitische Bündnisse, um von seinen Nachbarn unabhängiger zu werden, konnte er, vielleicht mit Ausnahme Skanderbegs, nach den Erfahrungen der letzten Jahre während der «Türkenkriege» nicht zählen. Ebenso wenig durfte er uneingeschränkt auf den Beistand der Bojaren hoffen, denn sie hatten bisher immer nach Eigeninteressen gehandelt und die verschiedensten Thronanwärter gegeneinander ausgespielt.

Wir wissen nicht, ob sich Vlad eine klare Strategie überlegt hat. Im Nachhinein sieht es so aus, als habe er sich davon leiten lassen, zunächst die Wirtschaftskraft der Walachei als entscheidende Grundlage seiner Macht zu stärken und die Voraussetzung für ein stehendes Heer zu schaffen, dann den Einfluss widerspenstiger Bojaren auszuschalten, um die Zentralgewalt zu festigen, und schließlich die innere Ordnung des Landes zu stabilisieren. Damit einhergehen sollten Versuche, die jeweilige außenpolitische Situation zu nutzen, um für sein Fürstentum eine bessere Stellung zu erreichen. So einleuchtend diese Konzeption wirkt, so schwierig war sie in die Praxis umzusetzen.

Schon Vlads erste Maßnahmen machen deutlich, wie kompliziert die Lage war und mit welchen Gegenkräften er rechnen musste. Von Ungarn forderte er die Rückgabe der früheren walachischen Lehen in Siebenbürgen und rief damit Missstimmung hervor. Die Siebenbürger Städte, die sich eben noch mit ihm verbündet hatten, reagierten mit aller Schärfe, als Vlad das «Stapelrecht» für den Handel verkündete. Das bedeutete, dass die auswärtigen Händler, die durch die Walachei ziehen wollten, ihre Waren für eine gewisse Zeit innerhalb des Landes lagern und zum Verkauf anbieten mussten. Die walachischen Kaufleute erhielten dabei ein Vorkaufsrecht und damit auch die Möglichkeit, ihrerseits Handel mit den erworbenen Waren zu treiben. In der damaligen Zeit war das Stapelrecht ein entscheidendes Mittel, um den Handel des eigenen Landes zu schützen und einen wirtschaftlichen Aufschwung zu fördern. Die Siebenbürger Städte zeigten sich verständlicherweise nicht erfreut, verloren sie dadurch doch wesentliche Vorteile im Fernhandel. Gerade hatten sie sich nach dem Fall Konstantinopels Hoffnungen auf einen Ausbau gemacht, weil jetzt der Handel auf dem Seeweg ins Schwarze Meer erschwert worden war. Darüber hinaus fühlten sie sich von Vlad getäuscht, nachdem sie ihn so nachdrücklich bei seinem Thronanspruch unterstützt hatten. Deshalb stellten sie nun Gegenkandidaten auf, die sich sofort bemühten, Anhänger unter den walachischen Bojaren zu werben: Kronstadt wählte Dan (?–1460), Hermannstadt einen Halbbruder Vlad Drăculeas, Vlad den Mönch (Călugărul, vor 1425–1496).

Diese Provokation ließ sich der walachische Woiwode nicht gefallen. Mit seinen Truppen marschierte er 1457 nach Siebenbürgen, verwüstete die Gegend um Kronstadt und wütete unter der Zivilbevölkerung. Kronstadt erklärte sich bereit, Dan auszuweisen. Als Gegenleistung verzichtete Vlad auf das Stapelrecht, gab aber seine Ziele keineswegs auf. Zugute kamen ihm innerungarische Streitigkeiten. Als Parteigänger des Hunyadi-Clans erhielt er von diesem Unterstützung. 1458 wurde Johann Hunyadis Sohn, Matthias Corvinus (1443–1490), zum König von Ungarn gewählt. Dieser stellte sich im Streit mit den Siebenbürger Städten auf Vlads Seite, so dass auch mit Hermannstadt ein Abkommen ausgehandelt werden konnte. Allerdings verärgerte Vlad durch die Besetzung des wichtigen Schwarzmeerhafens Chilia um eines kurzfristigen wirtschaftlichen Vorteils willen den neuen König ebenso wie seinen ehemaligen Weggefährten Stefan, der 1457 den moldauischen Woiwodenthron erobert hatte. Beide erhoben Anspruch auf diesen Hafen. Hier zeigte sich ein Wesenszug Vlads: Er konnte im Interesse seiner Macht durchaus klug kalkulieren, reagierte jedoch aufgrund seines heftigen Temperamentes häufig überstürzt und kurzsichtig.

1458 versuchte Stefan, aus dem Streit zwischen Vlad und den Siebenbürger Städten Nutzen zu ziehen, indem er Kronstadt weitreichende Handelsprivilegien anbot. Die Kronstädter gingen darauf ein und begannen, einen Teil ihres Fernhandels über das Fürstentum Moldau abzuwickeln. Daraufhin verkündete

Vlad 1459 erneut das Stapelrecht in der Walachei. Siebenbürgische Kaufleute, die es zu umgehen suchten, sollen erbarmungslos zum Tode verurteilt worden sein. Kronstadt holte Dan zurück. Wiederum suchten Vlads Truppen die Gegend rund um die Stadt heim. 1460 fiel Dan mit siebenbürgischen Truppen und Walachen, die vor Vlad geflüchtet waren, in der Walachei ein. Er konnte auf die Zustimmung des ungarischen Königs zählen. Vlad führte ihm sein unterdessen wesentlich verbessertes Heer entgegen, besiegte ihn und ließ ihn enthaupten. Noch einmal zog Vlad nach Siebenbürgen und verbreitete dort Angst und Schrecken. Im Oktober 1460 waren die Städte endlich zum Frieden bereit, zumal ihnen Matthias Corvinus nicht zu Hilfe kam. Sie verpflichteten sich, die walachischen Flüchtlinge auszuliefern und Vlad im Kriegsfall 4000 Soldaten zur Verfügung zu stellen. Vlad sagte seinerseits zu, Siebenbürgen mit ebenso vielen Männern beizustehen, wenn es angegriffen werde, und keinen militärischen Durchzug durch die Walachei nach Siebenbürgen zu gestatten.

Während des Konfliktes mit den Siebenbürger Städten um die Handelsrechte hatte Vlad auch begonnen, im Innern der Walachei die Verhältnisse umzukehren. Im Bündnis mit Bojaren, deren Einverständnis er sicher sein konnte, Kaufleuten, die ihm viel verdankten, Kleinadligen, die aufsteigen wollten, und freien Bauern, deren Interessen er zu vertreten schien, ging er zielstrebig gegen jene Mitglieder des Hochadels vor, die er für unzuverlässig und wankelmütig hielt oder in anderer Weise als Gefahr für seinen Thron einschätzte. Gnadenlos und mit unerbittlicher Grausamkeit – jedenfalls berichten dies die zugänglichen Quellen, von denen noch zu sprechen ist – verfolgte und bestrafte er sie, lockte sie in Fallen und ließ sie samt ihren Familien hinrichten. Ihre Ländereien und ihre Vermögen wurden beschlagnahmt und an Vlads Anhänger verteilt, soweit er nicht selbst die Hand darauf legte. Ebenso brutal soll er Bettler, Zigeuner und andere Menschen, die sich nach seiner Meinung nicht in seine Ordnungsvorstellungen eingliederten, beseitigt haben. Ziel seiner Maßnahmen war die Schaffung einer starken Zentralgewalt. Das zeigten die Umbesetzungen in seinem Hofrat, dem höchs-

ten Organ, das ihm zur Seite stand und das letztlich die Loyali-
tät der meisten Hochadligen ausdrückte, ebenso wie die Straf-
fung der Verwaltung. Der Stärkung der fürstlichen Autorität
diente auch eine Förderung der orthodoxen Kirche, deren Unterstützung er sich vergewissern wollte. Regten sich dort allerdings Bestrebungen, ihn beeinflussen oder eine von ihm unab-
hängige Politik betreiben zu wollen, griff er rücksichtslos durch.
Nachdem Vlad auf diese Weise sein Land sozial, ökonomisch
und machtpolitisch neu ausgerichtet hatte, fühlte er sich mäch-
tig genug, um die entscheidende Auseinandersetzung zu wagen.
Sein Militär befand sich in gutem Zustand, die Rüstungen waren vorangekommen, und nicht zuletzt hatte er zwei Festungen
bauen lassen: Mit dem bisher unbedeutenden Bukarest, der späteren Hauptstadt Rumäniens, konnten die Handels- und Heer-
wege kontrolliert werden, und die Burg Poienari in einem unzu-
gänglichen Karpatental sollte als Rückzugsort dienen.

Sieger über die Osmanen

1460 sandte der osmanische Sultan Mehmed II. eine Gesandtschaft zu Vlad Drăculea, um die überfälligen Tribute einzufor-
dern. Dieser war jedoch nicht mehr bereit, Abstriche an seiner
Souveränität hinzunehmen, und lehnte das Ansinnen schlicht-
weg ab. Damit nicht genug: Als die Gesandten vor ihm ihre Turbane nicht abnahmen, weil dies bei ihnen nicht Sitte sei, bestä-
tigte er sie darin, indem er ihnen die Turbane mit kleinen Nägeln an den Köpfen festnageln ließ. Ihrem Herrn sollten sie
ausrichten, dass er davon Abstand nehmen möge, seine Sitten
einem großen Herrscher wie ihm aufdrängen zu wollen. Ganz
gleich, ob sich diese Geschichte, so wie sie die Quelle berichtet,
in dieser Weise zugetragen hat, dürfte Vlads Absage den Sultan
erbost haben. Nach anderen Zeugnissen waren die Gesandten
«Wahlen», also Welsche, mit denen vielleicht eine Abordnung
aus einem italienischen Stadtstaat gemeint sein könnte; die Les-
art «Walachen» für «Wahlen» halte ich für widersinnig. Der historische Zusammenhang legt jedoch eine Zuordnung zum Konflikt mit dem Sultan nahe.

Dieser antwortete umgehend. Einer seiner Sekretäre – ein Grieche, der erst vor kurzem zum Islam konvertiert war – erschien vor Vlad und bot ihm die Vergebung des Sultans an, wenn er persönlich an dessen Hof erscheine, den Tribut und dazu noch 500 Knaben mitbringe sowie das Bündnis mit Ungarn kündige. Vlad, der inzwischen auf jede Verletzung seiner Rechte empfindlich reagierte, wies diese Forderungen zurück. Sie hätten eine verschärfte Abhängigkeit bedeutet, denn bisher war die Walachei nicht in das System der «Knabenlese» einbezogen worden. Darüber hinaus kannte er die Verfahrensweisen am Sultanshof: Vermutlich hätte er eine Reise dorthin nicht überlebt.

Deshalb wusste er auch, was es bedeutete, als der Sekretär ihn bat, ihm doch wenigstens das Geleit bis zur Grenze zu geben: Er sollte in einen Hinterhalt gelockt werden. In der Tat war das der Auftrag an den Sekretär und an den osmanischen Befehlshaber in der Region an der Grenze zur Walachei. Vlad ging auf die Bitte des Sekretärs ein, nahm aber ausgesuchte militärische Einheiten mit. Als dann der Überfall erfolgte, gelang es ihm nicht nur, die osmanischen Truppen zurückzuschlagen, sondern er konnte auch zahlreiche Soldaten sowie deren Befehlshaber gefangen nehmen. Er ließ sie, so ein Quellenbericht, alle pfählen. Das war eine eindeutige Kriegserklärung an den Sultan.

Was bewog ihn, als Woiwode eines kleinen Fürstentums dem Herrscher eines der mächtigsten Reiche der Welt die Stirn zu bieten? Vlad kannte Mehmed persönlich. Vielleicht verachtete er ihn, weil dieser in einer homosexuellen Verbindung mit Vlads Bruder Radu, genannt «der Schöne» (cel Frumos), stand? Eine Antriebskraft war wohl Vlads Streben nach absoluter Herrschaft. Er wollte von niemandem abhängig sein und sich von niemandem in seine Politik hineinreden lassen. Die internationale Mächtekonstellation war allerdings für seinen Krieg nur begrenzt ermutigend.

Auf dem Papstthron saß seit 1458 Enea Silvio Piccolomini (1405–1464) als Pius II. Dieser, ein bedeutender Gelehrter und Humanist, Stifter der Universität Basel, sah es als seine Lebensaufgabe an, das christliche Abendland gegen die muslimischen Osmanen zu vereinen und diese durch einen neuen Kreuzzug zu vernichten. Ein erster Anlauf blieb allerdings 1459/60 stecken. 1461 erwog Pius II. eine friedliche Übereinkunft: Mit einem Brief wollte er Sultan Mehmed II. davon überzeugen, dass der Koran voller Widersprüche stecke. Falls der Sultan zum Christentum übertrete, werde er alles rechtmäßig besitzen können, was er sich jetzt zu Unrecht angeeignet habe. Ein solcher Weg war aber illusorisch und zum Scheitern verurteilt. Mehmed konnte einen derartigen Vorschlag nicht annehmen. In den folgenden Jahren sollte der Papst dann erneut versuchen, eine gemeinsame Front der Christenheit gegenüber den «Ungläubigen» aufzubauen, selbst unter Einschluss der Moskauer Herrscher. Letztlich blieben alle Bemühungen vergeblich. Nur eine bescheidene Streitmacht konnte Pius II. für seinen Kreuzzug zusammenbringen. Als er sich mit ihr 1464 in Venedig einschiffen wollte, ereilte ihn der Tod.

War somit vom Papst keine Unterstützung mehr zu erwarten, fielen auch die übrigen Mächte weitgehend aus. Der deutsche König und Kaiser Friedrich III. (1415–1493), ein Habsburger, lag mit Matthias Corvinus im Kampf um die ungarische Krone. Venedig wollte sich nur beteiligen, wenn alle christlichen Reiche dabei waren. Skanderbeg musste 1461 einen Waffenstillstand mit dem Sultan schließen, weil die albanischen Kräfte vorerst erschöpft waren. Stefan, der Moldau-Fürst, führte Krieg in Siebenbürgen, um einen Rivalen auszuschalten. Auf der Gegenseite war Mehmed nicht untätig. Er besetzte erneut Serbien und eroberte ganz Griechenland. Bosnien, formal noch in einem lockeren Vasallen-Verhältnis zum Sultan, neigte immer mehr diesem zu, weil er den Bauern die Freiheit und den Bogumilen ein Ende der Verfolgungen versprach. 1461 schlug Mehmed Uzun Hasan (1423–1478), der in Persien und angrenzenden Gebieten ein riesiges turkmenisches Reich errichtet hatte und von 1453 bis 1478 herrschte. Wie schon bei früheren Kreuzzügen hatte sich der Papst nicht gescheut, auch mit einem Nichtchristen ein Bündnis einzugehen, um die muslimischen Bedroher der Christenheit zu bekämpfen. Doch mit dessen Niederlage war die

Hoffnung auf einen Zangenangriff gegen die Osmanen gescheitert.

Vlad Dräculea konnte somit auf keine besondere Unterstützung rechnen, sieht man von einigen siebenbürgischen Truppen und einer vagen Hilfszusage Matthias Corvinus' ab, der ihm zudem noch die Hand einer Verwandten – möglicherweise seine Kusine Ilona Szilágyi, andere Quellen sprechen sogar von seiner Schwester – versprochen hatte. Möglicherweise gingen Vlad zwei Überlegungen durch den Kopf. Zum einen konnte er davon ausgehen, dass der Sultan sein Hauptaugenmerk auf die Kriegsvorbereitungen des Papstes richtete und die Walachei lediglich als einen Nebenkriegsschauplatz betrachtete. Vor allem aber kannte Vlad die osmanische Kriegstechnik genau und hatte zudem aus Skanderbegs Erfolgen gelernt: In einer offenen Feldschlacht war das osmanische Heer durch die verhältnismäßig kleinen Verbände aus der Walachei kaum zu besiegen. Hingegen konnte es durch eine Art Guerilla-Krieg, mit schnellen Überfällen und ebenso schnellen Rückzügen, mit der Nutzung der Geländekenntnisse und nicht zuletzt mit der Störung des Nachschubs erheblich in Schwierigkeiten gebracht werden. Die Menschenmassen des Heeres brauchten beträchtliche Mengen an Nahrungsmitteln, die gleichermaßen von weither herangeschafft und in der näheren Umgebung beschlagnahmt werden mussten.

Hier setzte Vlad an. Im Winter 1461/62 nutzte er den Überraschungseffekt, griff die osmanischen Stellungen jenseits der Donau an, eroberte die meisten dortigen Festungen und drang weit auf bulgarisches Gebiet vor. Die Ländereien ließ er verwüsten, um die Nahrungsmittelbeschaffung der Osmanen bei einem Gegenangriff zu erschweren. Am 11. Februar 1462 berichtete er dem ungarischen König von seinen Siegen und zählte genau auf, wie viele «Türken und Bulgaren» – Männer wie Frauen – getötet worden seien. Jetzt, so regte er an, solle der König mit seinen Truppen kommen und mitkämpfen, die Lage sei so günstig wie nie. Matthias erklärte sich dazu bereit, während alle anderen möglichen Bündnispartner, die Vlad ebenfalls aufforderte, eher zurückhaltend antworteten. Wie dem auch sei: Aus einem nicht besonders wichtigen Woiwoden war ein Kriegsheld geworden, einer, der es verstand, die Osmanen das Fürchten zu lehren.

Im April 1462 setzte sich Mehmed an die Spitze seiner riesigen Armee, um dem Spuk in der Walachei ein Ende zu bereiten. Vlad konnte dagegen nur ein verhältnismäßig kleines Heer aufbieten. Matthias stand nach wie vor im Konflikt mit Friedrich III., und auch von Stefan war keine Hilfe zu erwarten. Der Sultan hatte seine Truppen zunächst geteilt. Die Masse rückte auf dem Landweg vor, eine zweite Abteilung wählte den Flussweg die Donau aufwärts. Bei dieser befand sich Mehmed persönlich – ein Zeichen, wie ernst er den Feldzug nahm und dass die Vernichtung Vlads sein Ziel war. Mit ihm zog Vlads Bruder Radu. Dieser war als künftiger Woiwode vorgesehen und brachte eine Anzahl Walachen mit, die vor Vlad in das Osmanische Reich geflohen waren. Bei Nikopolis vereinigten sich die beiden Armeeteile. Vlad wich einer offenen Schlacht aus und griff auf die bewährte Taktik zurück. Als die Osmanen über die Donau setzten, brachte er ihnen schwere Verluste bei. Dann zog er sich in die Wälder und Sümpfe zurück. Die Bevölkerung hatte er aufgefordert, samt Vieh und Lebensmitteln in unzugängliche Gebiete auszuweichen. Die Osmanen fanden menschenleere Gegenden, verbrannte Felder und Häuser sowie unbrauchbar gemachte Brunnen vor. Ständig gab es Überfälle, die unter ihnen zahlreiche Opfer forderten. Und eines Nachts schlug Vlad mit seiner ganzen Streitmacht zu. Er überfiel das große Lager seiner Gegner, das er nach einigen Berichten selbst ausgekundschaftet haben soll. Die Osmanen wurden völlig überrascht. Bevor sie die Abwehr organisieren konnten, stand Vlad schon im Zentrum. Nur durch Zufall verfehlte er das Zelt des Sultans. Als die Osmanen endlich ihre Reihen gerichtet hatten, waren die Walachen ebenso schnell, wie sie gekommen waren, verschwunden.

Mehmed stieß nun nach Târgovişte vor. Unterwegs soll er gemäß osmanischen Quellen den «Wald der Gepfählten» durchzogen haben, in dem Vlad seine hingerichteten Gegner zur Schau gestellt habe, um Schrecken zu verbreiten. Die Einnahme der Hauptstadt brachte keine Entscheidung: Die Einwohner waren geflüchtet, und es ließen sich keine Vorräte mehr finden. Allmählich geriet der Sultan in Schwierigkeiten: Der Feind war nicht fassbar, Hitze und Krankheiten setzten seinen Truppen zu, es gab immer weniger zu trinken und zu essen. In diesem Augenblick durchkreuzte Stefan die Strategie des walachischen Woiwoden. Er wollte die günstige Situation nutzen und sich des Hafens Chilia bemächtigen. Vlad musste sein Heer teilen, um dies zu verhindern und die wichtige Stadt zu halten. Dies gelang zwar, doch während seiner Abwesenheit konnte Mehmed den walachischen Einheiten schwere Verluste zufügen. Dennoch brach er danach den Feldzug ab, ließ allerdings so viele Truppen zurück, dass sich Radu als neuer Woiwode halten konnte. Dieser versprach der Bevölkerung Erholung vom verheerenden Krieg und konnte durchaus auf eine ernstzunehmende Anhängerschaft zählen, der Vlads Politik nicht behagt hatte.

Vlad selbst verstand sich vermutlich keineswegs als Verlierer. Er hatte den Sultan zum Rückzug gezwungen und gezeigt, wie man ihn schlagen konnte. Offenbar schienen ihm das Leid, das seine Kriegführung über die Bevölkerung gebracht, und die Schäden, die sie im Land angerichtet hatte, dies wert zu sein. Er begab sich nach Siebenbürgen, um in Kronstadt Matthias Corvinus zu treffen. Mit ihm wollte er besprechen, wie dem im kommenden Jahr zu erwartenden neuen Feldzug der Osmanen zu begegnen sei. Jetzt konnte er ihm doch nicht mehr die zugesagte Hilfe verweigern. Anscheinend sah sich Vlad als der neue Führer des vereinten christlichen Heeres gegen die Osmanen.

Gefangennahme und letzter Kampf

Zu Vlads großer Verwunderung empfing ihn der ungarische König im November 1462 nicht begeistert wegen seiner Siege, sondern ausgesprochen zurückhaltend. Was war geschehen? Matthias hatte erkannt, dass Vlad keineswegs überall triumphierend gefeiert wurde, sondern die alten Gegensätze nachwirkten. Daraus wollte er Vorteil ziehen. Noch vor Vlad hatten ihn Vertreter der «sächsischen» Städte aufgesucht und sich über den Walachenfürst beklagt. Ebenso verurteilten ihn Abordnungen walachischer Bojaren. Und der neue Woiwode Radu bot den Städten die Gewährung ihrer früheren Privilegien sowie dem König – trotz des Vasallenverhältnisses zu den Osmanen – die Anerkennung als Oberhoheit an. Matthias zögerte. Zwar wusste er genau, wie unzuverlässig die siebenbürgischen Städte und die walachischen Bojaren waren, doch es war für ihn wichtig, im Innern und an den Grenzen seines Herrschaftsgebietes zumindest vorläufig Ruhe zu haben, anstatt durch eine Unterstützung Vlads neue Auseinandersetzungen heraufzubeschwören. Friedrich III. machte ihm nach wie vor die ungarische Krone streitig, und im Gegenzug strebte Matthias nach einem großungarischen Reich unter Einschluss Polens, Böhmens, Mährens, Schlesiens und Niederösterreichs.

Noch etwas kam hinzu. Papst Pius II. erblickte in Matthias aufgrund der geographischen Lage seines Reiches und der Leistungen seines Vaters den natürlichen militärischen Anführer der Christenheit im Kampf gegen die Osmanen. Dazu hatte er ihm gerade erst beträchtliche finanzielle Mittel zur Verfügung gestellt. Sollte ihm sein unbeliebter Nachbar dieses Feld streitig machen und den Ruhm als Bezwinger der Osmanen erringen? Während er noch abwartete und die Argumente abwog, fielen ihm drei Briefe in die Hand, die Vlad an Sultan Mehmed, an einen anderen hohen osmanischen Würdenträger und an Stefan im Fürstentum Moldau gerichtet hatte. Darin bot er Bündnisse an und sagte dem Sultan zu, ihm dabei zu helfen, sich in den Besitz der Walachei, Siebenbürgens und Ungarns zu setzen; dabei sei es vielleicht sogar möglich, der Person des Königs habhaft zu werden.

Die Forschung rätselt bis heute, ob es sich um eine Fälschung handelte, derer sich Matthias gerne bediente oder die er gar in Auftrag gegeben hatte, oder ob Vlad durch den unfreundlichen Empfang beim König derart enttäuscht war, dass er sich zu einem grundlegenden Seitenwechsel entschloss. Dafür sprechen seine Empfindlichkeit und sein aufschäumendes Temperament. Andererseits war doch seit seinem ersten Versuch, das Woiwodenamt auszuüben, erkennbar, dass er den unsicheren Aufenthalt in Siebenbürgen der weiteren Unterstützung durch den Sultan vorzog und der Krieg gegen die Osmanen als das große Ziel seiner Herrschaft bezeichnet werden kann. Das war auch die Vorbedingung seiner absoluten Souveränität, die ihm über alles ging. Dies sollte er leichtfertig aufs Spiel gesetzt haben? Folgt man der Datierung der Briefe, hatte er sie wenige Tage nach seiner ersten Unterredung mit Matthias geschrieben – zu einer Zeit, als er eigentlich noch nicht davon ausgehen konnte, dass sich der König gegen ihn entscheiden werde.

Jedenfalls handelte Matthias nun sofort. Er ließ Vlad Anfang Dezember verhaften, erkannte Radu an und gab den Siebenbürger Städten nach. Außerdem informierte er den Papst über Vlads Verrat und teilte ihm mit, dass es unter diesen Umständen sinnvoller sei, den Feldzug gegen die Osmanen auf das nächste Jahr zu verschieben. Bei einem so schwerwiegenden Verrat wäre zu erwarten gewesen, dass dieser nur durch den Tod hätte gesühnt werden können. Doch dies geschah nicht. Vlad blieb für zwölf Jahre in einer eher milden königlichen Gefangenschaft, vermutlich unter Hausarrest. Die genauen Aufenthaltsorte kennen wir nicht. Noch etwas Unvermutetes trug sich in diesen Jahren zu: Der ungarische König kam seinem früheren Versprechen nach und gab Vlad seine Verwandte zur Frau; über das Schicksal von Vlads erster Frau, einer siebenbürgischen Adligen, wissen wir nichts Näheres. Der genaue Zeitpunkt dieses Ereignisses ist nicht gesichert – 1467, 1473 oder 1475 werden genannt. Voraussetzung der Eheschließung war Vlads Übertritt vom orthodoxen zum römisch-katholischen Glauben. Sieht so die Bestrafung für Verrat aus? Gibt man jemandem eine Verwandte zur Frau, den man für einen grausamen, brutalen Menschen hält, wie ihn Matthias gegenüber dem Papst schilderte? Die Behandlung Vlads durch den König von Ungarn lässt vermuten, dass dieser nicht wirklich an dessen Hinterlist und außergewöhnliche Erbarmungslosigkeit glaubte, sondern lediglich seinen Interessen folgte und einen Vorwand, um ihn auszuschalten, gesucht hatte.

Mitte der 1470er Jahre hatte sich die weltpolitische Lage für Matthias Corvinus grundlegend geändert, und Vlad Drăculea wurde wieder gebraucht. Der ungarische König hatte 1463 Frieden mit Friedrich III. geschlossen. Deshalb hatte er 1464 endlich seine Krönung nachholen können und dann begonnen, militärische und wirtschaftliche Reformen durchzusetzen. Dazu gehörte auch eine Änderung des Steuersystems, die den Adel und die Städte Siebenbürgens belastete. Ihren Aufstand schlug Matthias 1467 nieder. Außenpolitisch kam ihm zugute, dass die Walachei durch Radus Politik vorerst ruhig blieb und der Sultan durch einen Krieg gegen Venedig und Persien abgelenkt war. Venedig hatte endlich erkannt, dass das Osmanische Reich für seine Kolonien wie für seinen Handel gefährlicher war als die Konkurrenz Genuas oder Neapels. Allerdings blieb die Stadtrepublik auf sich allein gestellt. Die anderen Mächte erinnerten sich an deren frühere schwankende Politik, hatten eigene Probleme und waren nicht zu Hilfeleistungen bereit. Skanderbeg, der Bündnispartner in Albanien, war 1468 gestorben, Papst Pius II. bereits 1464. Uzun Hasan von Persien wurde 1472 und 1473 erneut vom Sultan geschlagen. Der Krieg zwischen Venedig und dem Osmanischen Reich, der 1463 begonnen hatte, dauerte noch an, doch der Ruin Venedigs und der Verlust seiner ehemaligen Vorrangstellung im Mittelmeer kündigten sich bereits an. All diese Vorgänge hatten aber dazu geführt, dass Ungarn viele Jahre nicht im Visier der osmanischen Politik stand, auch wenn Bosnien 1463 unter die Herrschaft des Sultans geraten war.

Druck und Gefahr drohten hingegen von anderer Seite. Die Bevölkerung in den Grenzgebieten der Reiche Matthias' und Friedrichs beschwerte sich immer wieder, dass seitens ihrer Herrscher nichts gegen die ständigen Streifzüge osmanischer Einheiten geschehe. Stattdessen würden sich jene in neuem Streit um die böhmische Krone aufreiben. Auch der Adel in Ungarn und Polen murrte, da er ebenfalls unter den Überfällen der Osmanen und darüber hinaus unter Machtkämpfen zwischen Matthias und dem polnischen König Kazimierz IV. (1427–1492) zu leiden hatte. 1474 zwangen die ungarischen Stände ihren König zu einem Waffenstillstand mit Kazimierz, damit er mehr gegen die Osmanen unternehme, und ein Jahr später drängte der polnische Reichstag Kazimierz zum Krieg, dem dieser aber auswich.

Zu diesen Herausforderungen gesellte sich der Aufstieg Stefans des Großen im moldauischen Fürstentum, der Matthias in Zugzwang setzte. Stefan hatte in den 1460er Jahren endlich den Hafen Chilia in Besitz nehmen können und sich auf die Seite der Siebenbürger in ihrem Konflikt mit dem ungarischen König gestellt. Einen Feldzug der Ungarn schlug er ebenso zurück wie einen Angriff der Krimtataren. Um 1470 hatte Stefan faktisch die Souveränität seines Fürstentums erreicht, obwohl rechtlich immer noch der König von Polen sein Lehnsherr war und Ungarn seine frühere Vormachtstellung zurückerobern wollte. Jetzt konnte Stefan sein Augenmerk auf die Walachei richten. Dort hatten sich unter Radu die Osmanen festgesetzt und zahlreiche Stützpunkte errichtet, die bei neuen Konflikten für das moldauische Fürstentum wie für Siebenbürgen gefährlich werden konnten. Kronstadt schloss ein Bündnis mit Stefan, und 1470 begann ein Krieg um die Walachei, der das Land wieder einmal verwüstete und zahlreichen Menschen das Leben kostete. Radu wurde abgesetzt, konnte die Macht noch einmal erobern, musste erneut fliehen und fand 1475 den Tod – durch einen Mordanschlag oder in einer Schlacht. Mehrere Thronanwärter, von den unterschiedlichsten Seiten unterstützt, stritten miteinander. 1474 schickte Sultan Mehmed seinen Großwesir Suleiman mit einer großen Armee gegen Stefan. Dieser verfolgte dieselbe Taktik wie Vlad und wich einer offenen Schlacht zunächst aus. Das osmanische Heer zog durch die Walachei und die Moldau, litt unter Überfällen sowie Lebensmittelmangel und konnte den Nachschub nicht ausreichend sicherstellen. Schließlich wurde es von Stefan nahe der moldauischen Stadt Vaslui in die Falle gelockt und vernichtend geschlagen. Wutentbrannt beschloss Mehmed einen Rachefeldzug für 1475, verschob diesen dann jedoch wegen Krankheit auf 1476.

Damit schlug die Stunde Vlad Drăculeas. Mit Matthias offenbar ausgesöhnt, konnte dieser seine militärischen Fähigkeiten nun gut gebrauchen. Im Februar 1476 stieß Vlad mit ungarischen Truppen nach Bosnien vor, eroberte Srebrenica – jene

Stadt, die 1995 durch den Mord serbischer Milizen an rund 8000 muslimisch-bosnischen Männern traurige Berühmtheit erlangen sollte – und drängte die Osmanen weit zurück. In der zweiten Jahreshälfte zog er unter dem Oberbefehl des Woiwoden von Siebenbürgen, Stefan Báthory (1430–1493) – auch ein Mitglied des Drachenordens –, Richtung Moldau, um Stefan den Großen zu unterstützen. Dieser wurde, nachdem sich der ungarische König vom Kriegsschauplatz zurückgezogen hatte, erneut von einem riesigen osmanischen Heer bedrängt, das diesmal vom Sultan selbst angeführt wurde. Wieder gelang es ihm zunächst, mit bewährter Taktik die Osmanen zu schwächen und sie bei Războieni in eine Falle zu locken. Die osmanische Armee erlitt gewaltige Verluste, doch als sich Sultan Mehmed an die Spitze seiner Truppen setzte und sie mitriss, musste Stefan weichen. Wie seinerzeit im Feldzug gegen Vlad brach Mehmed wegen Nachschubproblemen und Krankheiten den Krieg jedoch vorerst ab.

Das siebenbürgische Heer war zu spät gekommen, um Stefan in der Schlacht beizustehen. Aber es war klar, dass die Walachei dem osmanischen Einfluss entrissen werden musste, um dem Sultan nicht ein günstiges Aufmarschgebiet zu überlassen. Vlad Drăculea erschien als der richtige Mann für diesen Zweck. Matthias Corvinus stimmte am 6. September 1476 zu, Stefan Báthory unterstützte ihn, ebenso Stefan der Große, und die siebenbürgischen Städte gewann Vlad mit der Zusage neuer Handelsprivilegien. Im November eroberten ungarisch-siebenbürgische und moldauische Truppen die Walachei. Am 26. November 1476 wurde Vlad zum dritten Mal als Woiwode ausgerufen.

Überraschend musste wenige Tage später Stefan Báthory mit seinen Einheiten die Walachei verlassen, weil Sultan Mehmed an der Donau vorgedrungen war und Ungarn bedrohte. Einer der Gegenkandidaten Vlads, Basarab Laiotă, der ursprünglich von Stefan dem Großen favorisiert worden, dann aber auf die Seite der Osmanen geschwenkt war, nutzte die günstige Gelegenheit und fiel um die Jahreswende 1476/77 in der Walachei ein. Vlad stellte sich zum Kampf. Diesmal bezahlte er seinen Einsatz mit dem Leben. Es ist strittig, ob er im Gefecht fiel oder ob ihn ein gedungener Mörder von hinten enthauptete. Jedenfalls soll sein Kopf, in Honig konserviert, Sultan Mehmed überbracht und dann auf einer Stange zur Schau gestellt worden sein. Der Körper des Woiwoden wurde, so heißt es, im Kloster Snagov bestattet. Als man in den 1980er Jahren das vermutete Grab öffnete, war es allerdings leer. Dieses Kloster, in der Nähe von Bukarest gelegen, hatte Vlad während seiner längeren Herrschaftsperiode gefördert und befestigt. Neuere Vermutungen, wo sich die Begräbnisstätte befinden könne, richten sich auf andere Klosterkirchen, die näher an Vlads Todesort liegen. Belege konnten noch nicht erbracht werden. Seine Frau und seine Kinder hatte Vlad in Siebenbürgen zurückgelassen.

Die Nachkommen aus dieser Ehe besaßen überwiegend Ländereien in Siebenbürgen. Im 17. Jahrhundert starb die Linie aus. Ansprüche auf den walachischen Thron waren erfolglos geblieben. Hingegen werden Nachkommen Vlad Drăculeas aus der ersten Ehe im 16. und 17. Jahrhundert mehrfach als Fürsten der Walachei genannt, teilweise sogar der Moldau. Seit dem 17. Jahrhundert sind ebenfalls keine unmittelbaren Erben mehr bekannt. Seitenlinien sind bis in die Gegenwart zu verfolgen. Eine kinderlose Nachfahrin Vlad Drăculeas adoptierte 1987 den Bäcker Ottomar Berbig (1940–2007), der den Namen Ottomar Rodolphe Vlad Dracula Prinz Kretzulesco annahm. Sein Sohn Ottomar (*2006) führt die Linie des «Dracula-Geschlechtes» weiter.

Die Walachei geriet, ebenso wie später die Moldau, wieder unter osmanische Oberherrschaft, wenngleich sie nicht dem Reich eingegliedert, sondern durch einen meist willfährigen Woiwoden regiert wurde. Das Osmanische Reich dehnte sich weiter aus. 1526 fiel Ungarn, 1529 und noch einmal 1683 standen die Osmanen vor Wien, wurden jedoch zurückgeschlagen. Schon zuvor hatte allmählich der Niedergang begonnen. 1859 schlossen sich die Fürstentümer Moldau und Walachei zu Rumänien zusammen, das 1866 zum Königreich erklärt wurde und 1878 auf dem Berliner Kongress endgültig seine Unabhängigkeit vom Osmanischen Reich errang.

Vlad Drăculea hatte seine Kräfte und seinen Spielraum innerhalb des damaligen Mächtesystems überschätzt. Ermutigt durch die Erfolge Hunyadis und Skanderbegs sowie durch seine Kenntnis der osmanischen Herrschaft und ihrer militärischen Fähigkeiten glaubte er, deren Truppen bezwingen zu können. Als Sieger wollte er sich dann an die Spitze des vereinigten christlichen Heeres stellen. Auf diese Weise hoffte er, auch seine Unabhängigkeit vom ungarischen König gewinnen zu können. Im Innern trat er entschlossen für eine Stärkung der Zentralmacht auf Kosten des Hochadels und für eine strenge Ordnung des Landes ein. Dabei schreckte er vor grausamen Strafen nicht zurück. Vielleicht ist ihm dieses despotische Verständnis einer uneingeschränkten Herrschaft bei seiner Erziehung am Sultanshof vermittelt worden. Ebenso entspricht seine Haltung derjenigen eines Renaissancefürsten: Souveränität und Zentralgewalt als Leitlinie der Politik, für die der Einsatz aller Mittel gerechtfertigt war.

3. Vlad der Pfähler – Vlad der Held: Der Woiwode im Urteil der Zeitgenossen und der Nachwelt

Pfählen als zeitgenössische Strafart

Vlad Drăculea hatte noch einen zweiten Beinamen: «Țepeș» – «der Aufspießer» oder «der Pfähler». Diese Benennung ist seit Beginn des 16. Jahrhunderts überliefert und geht darauf zurück, dass Vlad die Gewohnheit hatte, Menschen, die ihm nicht genehm waren, auf Pfähle spießen zu lassen. Schauen wir auf das Umfeld in jener Zeit, so zeigt sich, dass das Pfählen wie die übrigen, Vlad zugeschriebenen Tötungsmethoden keineswegs ungewöhnlich, sondern durchaus üblich war. Die älteste Nachricht findet sich, soweit mir bekannt geworden ist, in den Gesetzen des babylonischen Königs Hammurabi (1728–1686 v. Chr.). Dort heißt es im 153. Artikel: «Wenn jemandes Ehefrau wegen eines anderen ihren Gatten hat ermorden lassen, so soll man sie auf den Pfahl stecken.» Dies weist schon darauf hin, dass sexuelle Delikte ein wichtiger Tatbestand für die Verurteilung zu dieser Form der Todesstrafe waren. Andere Gründe bezogen sich vor allem auf Hoch- und Landesverrat sowie Rache an Kriegsgefangenen. Zahlreiche Berichte von den Assyrern, Medern und Persern, ebenso vom makedonischen König Alexander dem Großen (356–323 v. Chr.), zeugen von dieser Methode. Häufig wurden die Gepfählten längere Zeit öffentlich zur Schau gestellt, um die Macht des Herrschers zu inszenieren und als Abschreckung zu dienen.

Verbreitet war das Pfählen weiter bei den Indern, den Mongolen, in Afrika und Amerika. Aber auch in Europa war es keineswegs unbekannt. Die Griechen und Römer praktizierten diese Methode ebenso wie andere Völker. Bei den Kelten sollen Verbrecher zu Ehren der Götter gepfählt und anschließend auf Scheiterhaufen verbrannt worden sein. Diese Hinrichtungsmethode endete keineswegs mit der Durchsetzung des Christentums. In zahlreichen Stadtrechten des mitteleuropäischen Raumes war im 13. und 14. Jahrhundert das Pfählen als Strafe bei Ehebruch zulässig, oft auch bei Verbrechen wie Hochverrat, Vergewaltigung, Kindesmissbrauch und Kindesmord. Häufig wurde dabei vorgeschrieben, den Pfahl durch das Herz zu treiben, doch auch das «Spießen», also das Durchstoßen durch den Körper vom After oder der Vagina her, findet sich in den Quellen. Dabei zogen manchmal Ochsen oder Pferde den Spieß durch den festgebundenen liegenden Körper. Ähnliche Vorschriften finden sich in Landrechten, etwa in jenem der Grafschaft Tirol von 1499. Hier war, ebenso wie dann im Artikel 131 der 1532 zum Reichsgesetz erhobenen «Hals- oder peinlichen Gerichtsordnung» Kaiser Karls V. (1500–1558), der Constitutio Criminalis Carolina, das Pfählen für Kindsmörderinnen vorgesehen.

Anfang des 18. Jahrhunderts verbot Kaiser Joseph I. (1678–1711) diese Methode, ließ sie aber noch als Strafverschärfung zu, ausgeführt an Toten, nachdem sie auf andere Weise hingerichtet worden waren. Maria Theresia (1717–1780) übernahm dies in ihrer Gerichtsordnung von 1769. In Russland wurde die vermutlich letzte Pfählung 1718 auf dem Roten Platz ausgeführt. Noch 1800 verurteilte ein französisches Kriegsgericht in Kairo den Mörder eines Generals zum Tod durch Pfählung. Darüber hinaus ist diese Strafart in zahlreichen Quellen aus der Zeit vom 13. bis zum 18. Jahrhundert überliefert, und zwar als Vergeltung für die bereits genannten Verbrechen sowie für Mord, Aufstand, Hexerei und Gotteslästerung, manchmal sogar für Diebstahl. In den Kriegen gegen das Osmanische Reich war es üblich, verurteilte Kriegsgefangene durch Pfählen hinzurichten. Die häufig angewandte Methode, dem Straftäter oder der Täterin einen Pfahl durch das Herz zu treiben, gerade auch erst nach dem Tod, spricht dafür, dass hier Elemente des Volksglaubens wirksam waren, einen «unreinen» Menschen an der Wiederkehr aus dem Totenreich zu hindern.

Im Osmanischen Reich war diese Strafart ebenfalls gebräuchlich. Hier wurde die Pfählung vollzogen bei Verbrechen gegen die islamische Religion, bei sexuellen Vergehen – namentlich zwischen Christen und Muslimen –, bei Mord und Raub sowie bei politischen Delikten. Meist ließ der Scharfrichter den Spieß oder Pfahl dem Opfer im liegenden Zustand durch den Körper ziehen. Üblich war ebenso die Methode, den Verurteilten auf einen Pfahl zu stecken. Um die Marter zu erhöhen, war der Henker bestrebt, den in diesem Fall verhältnismäßig stumpfen Pfahl so in den After oder in die Vagina zu treiben, dass lebenswichtige Organe nicht sofort zerstört wurden. Der oder die Bestrafte litt stunden-, manchmal tagelang furchtbare Qualen. Ivo Andrić (1892–1975) hat in seinem Roman «Die Brücke über die Drina» eindringlich beschrieben, wie ein serbischer Bauer, der den Bau der Brücke verhindern wollte, auf Befehl des osmanischen Kommandanten auf diese Weise umgebracht wurde. Einen Niederschlag dieser Hinrichtungsweise hören wir auch in Wolfgang Amadeus Mozarts (1756–1791) Singspiel «Die Entführung aus dem Serail» von 1782. Der Diener des Paschas, Osmin, will den gefangenen christlichen Diener Pedrillo bestraft sehen und singt am Ende des dritten Auftritts im Ersten Akt (und noch einmal am Ende des

Dritten Aktes): «Erst geköpft, dann gehangen, dann gespießt auf heiße Stangen; dann verbrannt, dann gebunden und getaucht; zuletzt geschunden.»

Im 15. Jahrhundert war die Todesstrafe durch Pfählung jedenfalls weit verbreitet. Wir finden sie auch in künstlerischen Ausdrucksformen dieser Zeit. Um zwei Beispiele zu nennen: Albrecht Dürer (1471–1528) malte 1508 die «Marter der 10 000 Christen» und stellte dabei das Pfählen, befohlen durch osmanische oder persische Würdenträger, als eine unter vielen Brutalitäten dar. Dasselbe Motiv, aber ausschließlich als Pfählung, zeigt eine um 1488 entstandene Wandmalerei in der – heute evangelischen – Stadtkirche von Zierenberg bei Kassel. Insofern verwundert es auf den ersten Blick, dass gerade Vlad durch seinen Beinamen als ein besonders blutrünstiger Herrscher gekennzeichnet wird.

Die Flugschriften-Kampagne gegen Vlad Drăculea

Berichte über Vlads grausame Tötungsmethoden tauchten schon früh auf. Vermutlich bereits 1462/63 wurde eine Flugschrift, möglicherweise in Wien gedruckt, in Umlauf gesetzt, die erste «Histori von dem posen Dracol», die «Geschichte vom bösen Dracula». Auf dieselbe Quelle gehen die entsprechenden Ausführungen in der «Kaiserchronik» – «Chronica regum Romanorum» – des Wiener Universitätsprofessors und Geschichtsschreibers Thomas Ebendorfer (1388–1464) zurück. Seit 1488 erschienen dann mehrere Dracula-Erzählungen als Drucke, die diese Geschichte ausschmückten, die Brutalität des Vlad Drăculea anprangerten und zum Teil geradezu eine Verachtung gegenüber dem «barbarischen Osten» zum Ausdruck brachten. Die «Geschichte vom bösen Dracula» ist in vier Handschriften überliefert, die voneinander leicht abweichen, aber in vielem übereinstimmen. Die Urfassung dürfte vor Vlads Gefangennahme entstanden sein, da drei der Handschriften über diese nichts aussagen. Die in der Stiftsbibliothek St. Gallen liegende Version kommt wahrscheinlich der Urfassung am nächsten. Einzig die in London aufbewahrte Handschrift weist auf eine zusätzliche

Quelle hin, da sie auch über Vlads Hochzeit mit einer Verwandten des Matthias Corvinus und eine Anekdote, die sonst nicht vorkommt, berichtet. Welche Verbreitung die Schriften hatten, wird etwa daran deutlich, dass ihr Inhalt noch vor 1472 in die Chronik der Stadt Konstanz einging.

In all den Schriften taucht folgende Geschichte auf [ich übersetze in die Gegenwartssprache]: «(...) Frauen und Männer und Kinder, jung und alt, hat er an dem vorgenannten Berg bei der Kapelle alle aufspießen lassen (...), und er ist mitten unter ihnen zu Tisch gesessen (...) und hat seine Freude gehabt». Weiter wird beschrieben, wie Vlad aus einer Schar Zigeuner drei auswählte, sie braten ließ und dann die übrigen zwang, sie zu essen. Mütter mussten ihre Kinder verspeisen, Männer die Brust ihrer Frauen. Danach wurden sie alle aufgespießt. Und so geht es weiter, mit vielen bestialischen Einzelheiten. Adlige und Kaufleute mussten ebenso dran glauben wie Bettler und Bauern. Selbst seine eigenen Leute waren nicht vor ihm sicher. Ganze Landstriche in Ungarn und Siebenbürgen ließ er verwüsten, die Einwohner wurden gepfählt oder zerstückelt. Sogar Vlads Erfolge gegen die Osmanen 1460 werden als Ergebnis einer List dargestellt. Fast klingt es nach Mitleid, wenn die Hinrichtung der «Türken» geschildert wird. Was Vlad jeweils wirklich anordnete, werden wir nicht mehr herausfinden können. Dass er grausam war und gepfählt hat, ist offenbar nicht zu bestreiten, selbst wenn die geschilderten Details nicht zutreffen sollten. In manchen gedruckten Flugschriften wird er allerdings auch als «gerecht» gekennzeichnet. So spricht Sebastian Münster in seiner 1544 erschienenen «Weltchronik» von «seiner tyrannischen Gerechtigkeit».

Zur Verfestigung des Bildes von Vlad trug nicht zuletzt Michel Beheims (1416 – ca. 1474/75) populäres Gedicht über den Woiwoden «Drakul» bei. Es entstand vermutlich kurz nach 1462 und beruhte, wie Beheim sagt, auf dem Bericht eines Mönchs. Vielleicht wurde es in erster Linie zur Unterhaltung eines sensationslüsternen Publikums geschrieben. Damit unterstützte es jedoch die politischen Ziele gegen Vlad Drăculea, zumal es wohl zuerst am kaiserlichen Hof in Wien vorgetragen wurde. Auffällig ist erneut, dass Beheim, abgesehen von einigen zusätzlichen Anekdoten, dieselben Vorgänge wiedergibt, die sich auch in den «Geschichten vom bösen Dracula» finden. Möglicherweise gehen sie alle auf dieselbe Quelle zurück. Deshalb wird man insgesamt vorsichtig sein müssen, die zeitgenössischen Schriften als Beleg für Vlads Taten zu nutzen. Um ihren Quellenwert einschätzen zu können, müssen sie historisch eingeordnet werden.

Nicht zufällig dürften die ersten Erzählungen und Gedichte um 1462, also dem Zeitpunkt von Vlads Gefangennahme durch Matthias Corvinus, entstanden sein. Zwar ist es nicht völlig beweisbar, aber mit hoher Wahrscheinlichkeit wurden sie am ungarischen Königshof entworfen. Dafür sprechen die Argumentationen der Schriften und die politischen Interessen. In den Texten, die die Gefangennahme des walachischen Woiwoden begründeten, war, mit seinen Briefen scheinbar bewiesen, von dessen angeblichem Verrat die Rede. Er sei auf die Seite der «Türken» übergegangen – obwohl er doch auf die ungarische Hilfe wartete, um die osmanischen Truppen weiter zurückzudrängen. Weiterhin wurden Beschwerden deutscher Kaufleute aus den siebenbürgischen Städten aufgegriffen, die durch Vlads Politik geschädigt worden waren.

Ob die Städte selbst Urheber oder zumindest mitverantwortlich waren, muss offen bleiben. Nahe liegt es, dass sie oder einzelne Vertreter ebenso wie unzufriedene walachische Bojaren gegen Vlad intrigierten: Sie wollten das Wohlwollen des ungarischen Königs gewinnen, der eine Ausschaltung Vlads anstrebte. Vlad Drăculea war sein Konkurrent bei der Ausnutzung der Wirtschaftsbeziehungen zu den siebenbürgischen Städten, und er war sein Konkurrent, als es um die Führung im Kreuzzug gegen das Osmanische Reich ging, den Matthias darüber hinaus zu einem für ihn günstigeren Zeitpunkt fortsetzen wollte. Der angebliche Verrat und besonders die Greueltaten Vlads konnten als Begründung dienen, warum nicht er, der gerade wichtige militärische Erfolge gegen die «Türken» erzielt hatte, an der Spitze des Christenheeres stehen sollte, sondern der König von Ungarn. Entsprechend argumentierte dieser gegenüber Kaiser

Friedrich III. und Papst Pius II. Wer eine solche Lust am quälenden Töten habe wie Vlad, könne nicht das christliche Abendland repräsentieren.

Der Papst griff die Vorwürfe auf, die ihm vermutlich von seinem Gesandten am ungarischen Hof, Nicolaus Machinensis, Bischof von Modruš (Modrussa, um 1427–1480), übermittelt worden waren. Während er die Heldentaten der Ungarn gegen die «Türken» herausstellte, wertete er das Verhalten des «Ioannes Dragula», wie er Vlad nennt, als eine «ungeheure Ruchlosigkeit». Er habe trotz seines «schönen Körperbaus» und eines Angesichts, das «eines Herrschers würdig» scheine, einen «schrecklichen Charakter». Die beschriebenen Grausamkeiten entsprechen wieder den Erzählungen der Flugschriften. Wie eng die Verbindung nach Ungarn war, zeigt sich darin, dass Pius die – mutmaßlich gefälschten – Briefe Vlads, die den Vorwand zu seiner Gefangennahme gaben, wiedergibt, einen davon an den Sultan in vollem Wortlaut. Dies spricht dafür, dass Matthias Corvinus den Papst unmittelbar unterrichtet hat. Jedenfalls unterstreichen diese Zusammenhänge die Einschätzung, dass die Kampagne gegen Vlad Drăculea vom ungarischen Königshof ausging.

Die Bilder des pfählenden, blutdürstigen Fürsten sollten sich festsetzen und verbreiten. Wahrscheinlich trugen anti-osmanische Vorstellungen dazu bei. So heißt es in der Bulle des Papstes Nikolaus V. (1397–1455), mit der er 1453 zum Kreuzzug gegen die «Türken» aufrief, Mahomet habe es nach christlichem Blut gedürstet, er sei «ein überaus grausamer und blutrünstiger Feind der Erlösung der Seelen durch Christus gewesen», der große Drache aus der Apokalypse des Johannes. Jetzt habe sich ein zweiter Mahomet erhoben, «der christliches Blut vergießt». Und 1481 schrieb Georg von Ungarn (1422/23–1502), ein Dominikaner siebenbürgischer Herkunft, der viele Jahre in osmanischer Gefangenschaft verbrachte, über die «Türken»: «Oder sehen wir denn nicht jene blutrünstige Bestie, den Feind des Kreuzes Christi, den grausamen Drachen (...)?» Durch seinen «Pesthauch» – ein Attribut des Teufels – stecke er auch Christen «mit dem Gift seines Unglaubens» an. Diese Bil-

¶ Die gefangen klagen.

¶ O Herre Got lap dich erbarmen
Unser ellend gefangen armen
Erwirgen sich wir unser Kinder
Hauß vnde hoff ist vns zerstörende
Vnd wir gefürt in das ellende
Wie das vns vnser müter trüg
Erst müß wir ziehen in dem pflüg
Vnd Greste. n zissen wie die Pferde
Wie vnsern munde von der erde
Zum gryffte tot vnd vns erlöß
Von dem graußamen Türcken böß.

Hans Guldenmundt.

Erhard Schön / Hans Guldenmundt: «Die gefangen klagen»
Türkischer Krieger mit gefangenen österreichischen Bauern. Holzschnitt,
ca. 1529/30

der schufen ein Stereotyp. Nachkommende Generationen erinnerten sich immer wieder daran, in veränderter Form und
unter veränderten Rahmenbedingungen. Das Feindbild der «Türken», die das Blut der Christen vergießen und deren Kinder ver-
schleppen wollten, wurde leicht auf Verbündete der Osmanen
übertragen, etwa auf den Burgunderherzog Karl den Kühnen
(1433–1477). Deshalb könnten derartige Muster auch die Kampagne gegen Vlad Dräculea geleitet haben. Einen späteren Hin-

weis auf eine solche Übertragung stellt etwa die Titelabbildung auf einer Augsburger Ausgabe der Anti-Dracula-Flugschrift dar, die zwischen 1559 und 1568 gedruckt wurde und das übliche Porträt des Woiwoden durch einen Türkenkopf ersetzte. Ein weiteres Beispiel ist ein Holzschnitt Hans Guldenmundts von 1529, der einen osmanischen Reiter zeigt. Dieser zieht an einem Strick ein gefangenes christliches Paar mit sich, ein noch lebendes kleines Kind hat er auf seiner Lanze aufgespießt. Seine Gesichtszüge gleichen stark denjenigen auf den gängigen Dracula-Porträts.

Über das Pfählen kann eine Beziehung zum Vampirismus hergestellt werden, denn – so sieht es der Volksglaube – ein Vampir kann dadurch getötet werden, dass man ihm einen Pfahl durch das Herz treibt. Trotzdem: bei aller möglichen Grausamkeit kann Vlad Drăculea Țepeș aus den Quellen nicht nachgewiesen werden, dass er zu Lebzeiten als Vampir angesehen wurde.

Vlad Drăculea in Porträts und anderen bildlichen Darstellungen

Frühe Darstellung Vlad Drăculeas finden sich im Zusammenhang mit der Flugschriften-Kampagne gegen ihn. Die erste im Druck erhaltene Abbildung erschien 1488 und zeigt einen stolzen und streng blickenden Fürsten. Charakteristisch sind seine scharf geschnittene Nase, die stechenden Augen, ein Schnurrbart, lange dunkle Haare und ein Fürstenhut, den eine mit Diamanten besetzte Agraffe schmückt.

Möglicherweise geht dieses Porträt auf eine Vorlage noch zu Vlads Lebzeiten zurück. Es wurde stilbildend; regelrechte Porträtgemälde und Miniaturen, die aus dem 16. Jahrhundert überliefert sind, ähneln ihm. In der Regel fügen sie dem Fürstenhut mit der Agraffe noch einen Federschmuck hinzu, der in ihr und in einem rundum verlaufenden perlenbesetzten Rand steckt. Die berühmteste Fassung, ein Porträt eines deutschen Meisters aus der zweiten Hälfte des 16. Jahrhunderts, findet sich in der Sammlung von Bildnissen bedeutender Persönlichkeiten, die Erzherzog Ferdinand II. (1529–1595) auf Schloss Ambras bei-

links: Vlad Draculea nach einem Holzschnitt von 1488
(Klassik Stiftung Weimar, Herzogin Anna Amalia Bibliothek, Sign. Inc. 609a)
rechts: Unbekannter Meister: Porträt Vlads III., um 1575/95
(Wien, Kunsthistorisches Museum, Gemäldegalerie, Inv.-Nr. 8285)

Innsbruck angelegt hat. Danach ließ er, wiederum von einem heute unbekannten Maler, eine kleinere, leicht veränderte Version anfertigen.

Aus der Zeit um 1700 stammt ein lebensgroßes Bildnis, das Fürst Paul I. Esterházy (1635–1713) für seine auf Burg Forchtenstein im Burgenland eingerichtete Ahnengalerie malen ließ. Er war entfernt mit Vlad verwandt. Der Porträtierte ist ähnlich gekleidet wie auf den meisten anderen Bildern, nur die edelsteinbesetzte Agraffe fehlt. Auf der Inschrift dieses Ölgemäldes wird das Jahr 1466 erwähnt. Deutet dies auf die erste Vorlage des Porträts hin? Es könnte sein, dass sich Vlad am Ende seiner Gefangenschaft, eventuell im Zusammenhang mit seiner Heirat, porträtieren ließ. Stilistisch geht das Bild aber auf das stereotype Schema einer östlichen Herrscherdarstellung zurück, Kopf und Büste folgen einer vor 1580/90 entstandenen Miniatur. Die Gesichtszüge sind weicher gemalt als auf den meisten Porträts. Auffällig ist eine gravierende Beschädigung des Gemäldes: Iris und Pupille beider Augen wurden sorgfältig aus-

Unbekannter Meister: Vlad III. Țepeș, um 1700
(Burg Forchtenstein, Esterházy Privatstiftung,
Esterházy-Ahnengalerie, Inv.-Nr. B 523)

gekratzt. Fühlte sich hier jemand magisch bedroht? Zeitpunkt
des Anschlags und Täter konnten bis heute nicht aufgeklärt
werden.

Erstaunlicherweise gleichen all diese Bilder der Schilderung,
die der päpstliche Gesandte am ungarischen Hof, Nicolaus Machinensis, von Vlad Drăculea gegeben hat, dem er 1463 in Ofen
(Buda) begegnet ist: «Er war nicht von großem, aber musku-
lösem Körperbau, die Miene grimmig und furchteinflößend, die
Nase sehr groß und gekrümmt, die Nasenflügel gebläht, schmal

und etwas gerötet das Gesicht. Lange Wimpern säumten die blau-grauen, weit geöffneten Augen, die durch die buschigen, schwarzen Brauen bedrohlich wirkten. Ferner waren Wangen und Kinn bis auf die Oberlippe rasiert. Die breiten Schläfen ließen den Kopf noch wuchtiger erscheinen. Ein Stiernacken verband den aufrechten Hals mit breiten Schultern, über die sich seine tiefschwarzen gekräuselten Haare ausdehnten.»

Diese Ansicht von Vlad hat sich auch in der kirchlichen Kunst niedergeschlagen. In Wien steht in der Salvatorgasse die Kirche Maria am Gestade, ein «Juwel der Gotik» aus dem 14. und 15. Jahrhundert. An einer Seitenwand hängt inmitten eines großen Flügelaltars ein Tafelbild, das die Kreuzigung Christi zeigt. Rechts vom Kreuz sind die Gegner Christi zu sehen. In dieser Gruppe fällt ein vornehmer Mann auf, der einen pelzverbrämten dunkelroten Mantel und eine perlenbesetzte Mütze mit Agraffe trägt. Er scheint sich mit einem Juden zu unterhalten. Seine rechte Hand steckt im Mantel, nur die linke ist zu sehen. Wahrscheinlich stellt er jenen römischen Hauptmann dar, der nach Jesu Tod gesagt haben soll: «Wahrlich, dieser ist Gottes Sohn gewesen!» (Matthäus 27,54; Markus 15,39) Das Gemälde ist auf die Zeit um 1460 datiert worden, den Namen des Malers kennen wir nicht. Erst vor kurzem ist es für die Forschung entdeckt worden. Der römische Hauptmann ist deutlich als ein Kryptoporträt Vlad Drăculeas zu erkennen. Wie kam der Maler dazu? Hat er, ohne sich um das historische Vorbild zu kümmern, einfach ein ihm bekanntes Porträt benutzt, um dem Hauptmann eine Gestalt zu verleihen? Oder hat er reflektiert, dass der walachische Fürst zur Zeit der Produktion des Gemäldes eine wichtige Figur im Kampf gegen die Osmanen geworden war? Dann könnte auch vermutet werden, dass er mit dieser Darstellung ebenso Vlads Übertritt zum Katholizismus, zum «wahren Glauben», würdigen wollte.

Die Frage nach der Absicht des Malers, die nicht mit Sicherheit beantwortet werden kann, stellt sich auch bei weiteren Kryptoporträts Vlad Drăculeas. Wenige Jahre später, um 1470/80, entstand, ebenfalls von einem unbekannten Meister, ein Altar mit einem Flügelbild, das das Martyrium des heiligen

Meister von Maria am Gestade: Kreuzigung Christi.
Altarflügelbild, um 1460 (Wien, Kirche Maria am Gestade)

Andreas darstellt. Andreas, der Landespatron Russlands, aber
auch der Siebenbürger Sachsen, war ein Bruder des Simon Petrus und einer der zwölf Apostel. Er wurde vom römischen
Statthalter Egea (Aegeas) im griechischen Patras zum Tode am
Gabelkreuz verurteilt, nachdem er diesen nicht von der Bedeu-

Unbekannter steirischer Maler: Martyrium des heiligen Andreas.
Altarflügelbild, um 1470/80 (Österreichische Galerie Belvedere,
Museum für mittelalterliche Kunst in der Orangerie, Inv.-Nr. 4974)

tung des Christentums hatte überzeugen können. Der ihn ver-
höhnende Egea wurde vom Wahnsinn geschlagen und starb unmittelbar darauf. Auf dem Gemälde steht hinter den Henkers-
knechten der römische Statthalter, der eine Art Szepter hält und
dem eine Samtmütze mit Perlenschnüren auf dem Kopf sitzt. An
ihr ist eine Agraffe mit Edelstein- und Federschmuck befestigt.
Mit der linken Hand weist er auf den Gekreuzigten. Offensichtlich handelt es sich erneut um Vlad Drăculea. Diesmal aller-

dings wird er negativ gewertet, als der grausame Verfolger der
Christen und als ein Menschenschinder. Sollte der Maler bewusst gehandelt haben, ist ein Einfluss der Propaganda-Kampagne gegen Vlad anzunehmen. Allerdings muss man mit einer
Interpretation vorsichtig sein. Die Person wirkt steif und gekün-
stelt, passt nicht so recht zur Bildkomposition. Auch ist das
Haar etwas heller gefärbt als auf den übrigen Porträts des Fürsten. Vielleicht hat der Maler nur einen ihm bekannten Typus
verwendet, der ihm als Muster vorlag.

Ein weiteres Beispiel der Darstellung Vlads in der kirchlichen
Kunst ist mit hoher Wahrscheinlichkeit ebenfalls in Wien entstanden. Auf einer der Tafeln eines spätgotischen Altarflügels,
die Christus vor Pilatus zeigt, ist Pilatus mit dem Gesicht und
dem Hut einschließlich der federgeschmückten Agraffe Vlad
Drăculeas wiedergegeben. Wieder, wie bei der Kreuzigung und
beim Andreas-Martyrium, hebt er die linke Hand. Zeichnet
sich hier schon eine Bildtradition ab? Wiederum unter der
Voraussetzung, dass der unbekannte Maler – wegen des Fund-
orts der Tafeln hat er die Bezeichnung «Meister der Tafeln von
Velenje» erhalten – Vlad bei Kenntnis der politischen Zusammenhänge eingefügt hat, steht dieses Porträt in der Aussage
zwischen den beiden anderen: Pilatus ist keine ausschließlich
negativ besetzte Figur. Eigentlich war er von der Unschuld Jesu
überzeugt und wollte ihn retten, unternahm allerdings nur
halbherzige Versuche. Insofern machte er sich schließlich mit-
schuldig an Jesu Tod. Das könnte darauf hindeuten, dass das
Bild in der Zeit entstanden ist, in der kontrovers erörtert wurde, ob Vlad einer der Führer im Kampf gegen die Osmanen sein
solle oder ob er ein Verräter sei – also um 1462. Jedenfalls wurden mehrere Gemälde, auf denen Vlad zu sehen ist, innerhalb
kurzer Zeit in Wien erschaffen. Dies könnte widerspiegeln,
dass die Vorgänge in Ungarn und der Walachei im Umfeld des
Hofes von Kaiser Friedrich III. und in der Stadt selbst ein wichtiges Thema waren.

Doch es gibt auch andere Ansichten Vlads, die weniger Ähnlichkeit mit den bisher beschriebenen Darstellungen haben oder
sie doch verfremden. In einer 1493 in Leipzig gedruckten Aus-

Wiener Maler (Meister der Tafeln von Velenje): Christus vor Pilatus
(Ljubljana, Narodna galerija, Inv.-Nr. NG S 1176)

gabe vom «Wüterich Dracula» erscheint er auf dem Titelholz-
schnitt zwar mit seiner charakteristischen Nase und dem
Schnurrbart, aber nicht als ein Fürst. Ihm fehlen die langen
Haare, der Fürstenhut ist zu einem schmalen Hütchen ge-

Hie fächt fich an gar ein grauſſem
liche erſchröckenliche Hyſtorien, von dem wilden wü-
trich Bracole weyde Wie er die leüt geſpiſt hot vnd
gepraten vñ mit den Haůßtern yn einē Keſſel geſotten

Der grausame Dracula nach einem Holzschnitt von 1500
(Nürnberg, Germanisches Nationalmuseum)

schrumpft, wenngleich dieses noch die Agraffe trägt. Die Figur
wirkt ausgemergelt und hässlich. Vermutlich sollte Vlad bewusst verzerrt dargestellt werden. Völlig ohne Ähnlichkeit ist
seine Wiedergabe auf verschiedenen Fassungen des Flugblattes,
das ihn am Tisch sitzend beim Essen zeigt, während um ihn he-

rum Menschen auf Pfähle gespießt sind und andere gerade
zerstückelt werden. Allerdings
fällt bei einigen, hier nicht ab-
gebildeten Versionen auf, dass
Dracula mit der linken Hand
eine ähnliche Bewegung macht
wie auf den Altarbildern.

Auf die Abbildungen, die
Vlad als «Türken» zeigen,
wurde bereits hingewiesen.

Aus der Reihe fällt eine Federzeichnung aus dem ober-
rheinischen Raum, die auf die
Zeit um 1470/80 datiert wird
und Vlad Dräculea mit Verlöbniskranz zeigt. Die Abbildung,
die im Zusammenhang mit
seiner Heirat in Ungarn entstanden sein dürfte, betont die

Unbekannter oberrheinischer Meister:
Vlad Dräculea mit Verlöbniskranz.
Federzeichnung, um 1470/80
(Basel, Kunstmuseum, Kupferstich-
kabinett, Inv.-Nr. U.VIII.32)

bis auf die Schultern fallenden Haare, die leicht gekrümmte,
scharfe Nase mit geblähten Nasenflügeln, die starken Augenbrauen und die Stirnfalten, den Schnurrbart und das kleine, etwas hervortretende Kinn. Allerdings wirkt das Gesicht schmaler und knochiger als sonst – man könnte eine Auswirkung der
Gefangenschaft hineininterpretieren –, und der mit Blumen-
blättchen geschmückte Verlöbniskranz sieht fast aus wie eine
Dornenkrone ohne Dornen. Jedenfalls erzeugt die Zeichnung
nicht die Vorstellung eines blutgierigen, grausamen Herrschers,
sondern eher eines leidenden, vielleicht hoffnungsvollen Menschen. So spiegelt sich in all diesen Porträts, wie sein «Bild» im
Bewusstsein der Zeitgenossen und der Nachwelt schwankte.

Vlad Drăculea in byzantinischen, osmanischen und russischen Quellen

Der byzantinische Geschichtsschreiber Laonikos Chalkokondyles (um 1423–1490) verfasste seine Chronik im Lichte der Auseinandersetzung zwischen seinem Heimatland und dem Osmanischen Reich. Er bezeugt zwar, dass Vlad seine Gegner pfählen ließ, betont jedoch auch seinen Mut und seine Tapferkeit. Dabei teilt er mit, dass sogar der Sultan die Kühnheit und Strenge des Walachenfürsten bewundert, seine Grausamkeit ihn aber auch erschreckt habe. In den osmanischen Quellen wird Vlad Drăculea durchgängig negativ als streitsüchtiger und unvernünftiger Feind dargestellt. Man verzieh ihm, der doch am Sultanshof erzogen worden war, nicht, dass er nun auf der Seite der Gegner stand. Mehrfach wird erwähnt, dass er gnadenlos und hart strafe, insbesondere durch Pfählen. Dabei machen die Quellen durchaus deutlich, dass diese Strafart allgemein üblich und der Sultan ebenfalls ein strenger und rücksichtsloser Herrscher war. Entsetzlich seien nur das Ausmaß des Pfählens und Vlads Blutrünstigkeit. Diese Aussagen könnten dafür sprechen, dass Vlad tatsächlich mit seinen Strafgerichten über das damals übliche Maß hinausging und deshalb Abscheu und Entsetzen der Zeitgenossen hervorrief. Andererseits wollten die osmanischen Geschichtsschreiber Vlad auch moralisch vernichten. Deshalb ist nicht auszuschließen, dass sie vorhandene Klischees über ihn aufgriffen, die sie aus der Flugschriften-Kampagne kannten. Es fällt auf, dass Vlad in den Texten als militärisch unfähig und feige gezeichnet wird, jedoch an einigen Stellen überraschend sein außerordentlicher Mut hervortritt, der die Osmanen an den Rand einer Niederlage brachte. Hin und wieder werden seine Strenge und seine Fähigkeit, durch Schrecken zu herrschen, sogar bewundernd geschildert.

Etwas aus dem Rahmen fällt die Darstellung des Feldzuges von 1462 in den «Memoiren eines Janitscharen». Im Mittelpunkt dieses vermutlich Ende des 15. Jahrhunderts entstandenen Textes steht ein Serbe, der 1455 in osmanische Gefangenschaft geriet und 1463 in ungarische Hände fiel. Mit hoher

Wahrscheinlichkeit sind jedoch Schilderungen weiterer Personen in die erste tschechische und in die spätere polnische Version eingefügt worden. In diesen «Memoiren» wird zwar ausführlich von Vlads Grausamkeiten berichtet und von der Furcht der Janitscharen sowie des Sultans selbst vor dessen militärischen Fähigkeiten, aber mit keinem Wort das Pfählen erwähnt. Stattdessen heißt es einmal, der Bote des Sultans sei auf ein Rad geschlagen worden. Auch diese Quelle könnte somit ein Hinweis sein, dass die Konzentration auf das Pfählen als Zeichen der besonderen Barbarei des Woiwoden ein bewusst zugespitztes Verfahren war, um Vlad anzuschwärzen und zu verleumden.

Ende des 15. Jahrhunderts erschien bereits, in mehreren Versionen, die Geschichte Draculas in Russland. Viele Forscher neigen zu der Ansicht, ihr Autor oder zumindest Übermittler sei Fedor Kuricyn – eine überaus interessante Persönlichkeit der Geschichte Russlands – gewesen, der von 1482 bis 1485 eine russische Gesandtschaft nach Ungarn geleitet hatte. Das weist im Übrigen noch einmal auf die Bedeutung des ungarischen Hofes als Zentrum der Anti-Dracula-Propaganda hin. In der russischen Version wird auch auf Vlads Leben in der ungarischen Gefangenschaft Bezug genommen. Die Schrift sollte die autokratische Politik rechtfertigen, die damals in Russland noch keineswegs unumstritten war. Dies lässt sich an den Abweichungen von der deutschen Fassung belegen, auf die sie grundsätzlich zurückgeht. So wird in einer Geschichte von zwei Mönchen, die Vlad besuchen und die er befragt, was denn über ihn geredet werde, in der russischen Fassung derjenige gepfählt, der den Herrscher kritisiert, in der deutschen derjenige, der ihm schmeichelt. Auch wird in der russischen Version die Gerechtigkeit des Fürsten hervorgehoben und dadurch seine Grausamkeit legitimiert.

Besondere Aktualität gewann die Dracula-Geschichte bald darauf unter dem Zaren Ivan IV. (1530–1584), der eine weitere Verbreitung der Schrift nicht duldete. Er ist als «der Schreckliche» in die Geschichte eingegangen. Seine blutig-grausamen Herrschaftsformen wurden von seinen Anhängern als Ausdruck seiner Gerechtigkeit interpretiert, so wie sein Beinamen – «groznyj» im Russischen – auch als «der Gestrenge» übersetzt werden kann. Auf Flugblättern erschien – vermutlich später – eine bildliche Darstellung, wie Ivan den osmanischen Gesandten die Hüte an den Kopf nageln lässt – auch dies eine Maßnahme, die ursprünglich Dracula zugeschrieben wurde. Die Szene ist insofern besonders interessant, weil nach dem damals üblichen diplomatischen Zeremoniell Gesandte vor dem sie empfangenden Herrscher für kurze Zeit ihre Hüte noch tragen durften, um die Stellvertretung ihres eigenen Herrn zu symbolisieren.

Bei den Gegnern der Autokratie, insbesondere aber im Westen verkörperte Ivan IV. das Bild des allmächtigen, blutrünstigen Autokraten, der die Bevölkerung unterdrückt und ausbeutet. Dabei wurde er schlimmer dargestellt als andere, namentlich westeuropäische Herrscher, die an sich durchaus vergleichbar waren – man denke nur an den französischen König Karl IX. (1550–1574) und seine Mutter Katharina von Medici (1519–1589), die in der Bartholomäusnacht 1572 das Signal zur bestialischen Ermordung von Hugenotten gaben. Die gängigen Berichte über Vlad Ţepeş flossen in Ivans Chrakterisierung ein, so dass er als der «russische Dracula» zu den westlichen Vorstellungen über das «barbarische» Osteuropa beitrug. In Russland wurde das Bild des streng-grausamen, aber gerechten Herrschers in Zeiten der Krise und Orientierungslosigkeit immer wieder benutzt, um Anhänger für eine autoritäre Politik zu gewinnen. So verwundert es nicht, dass sich nach dem Zusammenbruch der Sowjetunion 1991 unter dem Stichwort «Drakula» – im Internet zu sehen – Nationalisten und religiöse Fanatiker zusammenfanden.

Das Bild Vlad Drăculeas in Rumänien

Für das Argument, das Bild des ruchlosen und grausamen Dracula sei durch eine Propaganda-Kampagne entstanden, spricht weiter, dass der Fürst in Rumänien ganz anders beurteilt wird. In den Chroniken der Walachei werden Vlad keine besonders blutgierigen Eigenschaften zugeschrieben. Sein Hang zur Grausamkeit wird anders als in den deutschen Quellen nicht unbedingt negativ gedeutet, sondern als Zeichen der Notwendigkeit, die Ordnung im Innern und die Unabhängigkeit nach außen herzustellen. Betont werden sein Mut und seine Tapferkeit, namentlich im Kampf gegen die Osmanen.

Dieses Bild hat sich in der rumänischen Volksüberlieferung weitgehend erhalten. Ergänzt wurde es durch Züge eines Kämpfers, der grausam zu den Reichen und freundlich zu den Armen ist – eine Mischung aus Robin Hood und einem Haiducken, dem Hirtenkrieger und heroisch verklärten Räuber in Rumänien und anderen osteuropäischen Regionen. Viele Erzählungen und Lieder zeugen noch bis in die jüngste Vergangenheit vom Fortleben der Dracula-Verehrung.

Während der «Erfindung» der rumänischen Nation im 19. Jahrhundert, als man Helden und historische Mythen benötigte, herrschte diese Auffassung ebenso vor wie in den turbulenten Jahrzehnten des 20. Jahrhunderts, als es um neue politische Orientierungen ging. Historiker wie Ioan Bogdan (1864–1919), für den Vlad Țepeș «ein grässlicher Tyrann und ein menschliches Monster» war, dessen man sich schämen müsse und den man «keinesfalls als ein Beispiel von Tapferkeit und Vaterlandsliebe ausgeben» dürfe, blieben die Ausnahme. Die meisten Historiker hielten die Anschuldigungen gegen Vlad zum Teil für Erfindungen, nicht zuletzt der Bojaren, deren Despotismus und Anarchie der Fürst zu Recht bekämpft habe. Die Vernunft und die Staatsräson hätten die Härte gerechtfertigt. Im Übrigen seien die Bluttaten in der damaligen Zeit nicht außergewöhnlich gewesen. Unübersehbar zogen sich Verbindungslinien von Vlad zum «Vereinigungsfürsten» Alexandru Ioan Cuza (1820–1873), der 1859 erster Herrscher der zu Rumänien zusammengeführten Donaufürstentümer Moldau und Walachei geworden war. Er wurde ebenfalls als autoritäre Persönlichkeit, Gerechtigkeitsfanatiker, Feind der Bojaren und Beschützer des Volkes dargestellt.

Der nationalistische und judenfeindliche Dichter Mihai Eminescu (1850–1889) besang 1881 die Heldentaten Mirceas des Alten gegen die Osmanen, beklagte den Niedergang in der Gegenwart und rief aus: «Auf sie, Pfählerfürst, Herr Țepeș! Lass uns länger nimmer harren! / Teil sie in zwei große Haufen: hier die Schurken, dort die Narren! / Sperr sie in zwei große Kerker: in ein Zucht- und Irrenhaus; / Lege Feuer dann an beide! Auch nicht einen lass heraus!» Noch heute spricht er damit vielen Menschen, die von den Verhältnissen verunsichert sind und nach Orientierung suchen, aus dem Herzen. In den 1930er Jahren führte der mehrfache Ministerpräsident und Außenminister Alexandru Vaida-Voievod (1872–1950) zusammen mit anderen die antisemitische «Liga Vlad Țepeș», die die Ausschaltung der Juden aus der rumänischen Gesellschaft anstrebte. Dennoch: als Vampir wurde Vlad nie bezeichnet.

Unabhängig von Dracula schlug sich das Vampir-Motiv in der rumänischen Literatur nieder. Der bedeutende, aber wegen seiner Sympathie für den Faschismus auch umstrittene Religionswissenschaftler Mircea Eliade (1907–1986) etwa beschrieb in seinem 1935 erschienenen Roman «Fräulein Christine» einen weiblichen Vampir, dessen Liebessehnsucht zur Katastrophe führt. Selbst die Tötung der Vampirin mit Hilfe einer Eisenstange kann das Verderben nicht aufhalten. Auch wissenschaftlich beschäftigte sich Eliade mit Vorstellungen von der Mythologie des Todes und vom Leben im Jenseits.

Nachdem im kommunistischen Regime Dracula zunächst nicht im Vordergrund stand, setzte der Diktator Nicolae Ceaușescu (1918–1989) in seiner Politik der Unabhängigkeit gegenüber dem Führungsanspruch der Sowjetunion ganz auf eine Verstärkung nationalistischer Gefühle. Deshalb stellte er sich in eine Linie mit den traditionellen nationalen Helden, darunter eben auch Vlad Țepeș. So stand – und steht – dessen Büste in der Heldenallee vor dem Bukarester Militärmuseum. Rumänische Historiker förderten in dieser Zeit das Bild Draculas als Beschützer des Volkes, der der Staatsräson gefolgt sei. Ceaușescu ließ 1976, 500 Jahre nach Vlads Tod, ein «Dracula-Jahr» ausrufen, in dem es zu zahlreichen Ehrungen kam. Vor allem im Westen wurde Ceaușescu jedoch aufgrund seiner brutalen Unterdrückungspolitik mit den Beinamen «Draculescu» und «roter Vampir» belegt. Aber auch in Rumänien selbst kam es zu entsprechenden Identifikationen. In Marin Sorescus (1936–1996) Drama «A treia ţeapă» («Der dritte Pfahl») von 1978 spricht Vlad Ţepeş mit gepfählten Flüchtlingen und übernimmt dabei Auszüge aus Reden Ceauşescus. Des Weiteren verbreitete sich die Meinung, der Diktator sei ein «Strigoi», ein Vampir. Ein Gerücht besagte, für Bluttransfusionen, die Ceauşescu nötig habe, bevorzuge er Kinderblut. Während der Revolution von 1989 war auf Transparenten und an Gebäuden die Losung zu lesen: «Ceauşescu = Vampir».

Nach dem Zusammenbruch der Diktatur Ceauşescus blieb die Popularität Draculas ungebrochen. In einer Meinungsumfrage aus dem Jahre 1999, die erheben wollte, wer die für Rumänien wichtigsten historischen Persönlichkeiten gewesen seien, rangierte Fürst Cuza mit weitem Abstand an erster Stelle. Nach verschiedenen anderen Persönlichkeiten – darunter Ceauşescu selbst (!) – nahm Vlad Ţepeş einen guten Mittelplatz ein, offenbar ein Symbol der «eisernen Faust», die für die Entwicklung Rumäniens notwendig sei. Bei einigen Historikern, die sich um die Wiederbelebung des Mythos von der imperialen Vergangenheit Rumäniens bemühen, steht Vlad in dieser Tradition und soll die Vereinigung der Fürstentümer Walachei und Moldau angestrebt haben. Ja, er wird sogar zum «Kaiser des Ostens» stilisiert.

Doch selbst der wenig schmeichelhafte «westliche» Dracula-Mythos wird genutzt, um touristische Zentren rund um angebliche und tatsächliche Wirkungsstätten Vlad Ţepeş' zu schaffen. Die Bevölkerung reagierte wenig begeistert auf die Kommerzialisierung ihres Helden. Ein geplanter riesiger Dracula-Vergnügungspark scheiterte am Protest der Bürger. Schon 1983 war auf dem Borgo-Pass in den nordöstlichen Karpaten Siebenbürgens ein Schlosshotel errichtet worden, weil Touristen dort immer wieder, verleitet durch Bram Stokers Dracula-Roman, vergeblich die Burg des Fürsten gesucht hatten. Während Vlad Drăculeas Fluchtburg Poienari, die nur noch in Resten erhalten ist, als zu wenig attraktiv galt, wurde Schloss Bran (Törzburg) nahe Braşov (Kronstadt), mit dem der walachische Fürst kaum etwas zu tun hatte, als Museum eingerichtet und von zahl-

reichen Touristen besucht. Im Mai 2006 gab es der rumänische
Staat seinen rechtmäßigen Besitzern, Dominic von Habsburg
(*1937) sowie dessen Schwestern Maria Magdalena von Holzhausen (*1939) und Elisabeth Sandhofer (*1942), zurück. Ihre
Großmutter, Königin Maria von Rumänien (1875–1938), hatte
Kronstadt die Burg nach dem Ersten Weltkrieg geschenkt. Nach
längeren Auseinandersetzungen über die Zukunft des Schlosses
wurde es 2009 als privates Museum wieder eröffnet. Ein ameri-
kanischer Geschäftsmann hat inzwischen im Dorf Bran eine regelrechte Tourismus-Industrie rund um Dracula aufgebaut,
stößt aber auf Widerstand in der Bevölkerung.

Auch sonst werden mit Dracula Geschäfte gemacht. In rumänischen Souvenirläden sind neben Trachtenpuppen überwiegend Andenken an Dracula zu sehen: Figuren des Woiwoden in
Ritterrüstung, verschiedene Gegenstände mit seinem berühmten
Porträt, aber auch Vampir-Symbole, Eulen und Fledermäuse,
ebenso T-Shirts oder Mützen mit der Aufschrift: «I love Dracula». 2004 berichtete eine Zeitung über ein Kind in der Provinz
Oltenia (Walachei), dessen Mutter ihm den Namen Vlad Țepeș
Dracula gegeben habe, weil sie vor der Geburt eine Vision von
ihm gehabt habe. Aber es muss eindeutig festgehalten werden:
Der Volksglaube an Vampire in Rumänien, über den noch zu
sprechen sein wird, verbindet sich nicht mit der Person des Fürsten.

Vlad Drăculea mag ein grausamer und blutgieriger Herrscher
gewesen sein. Noch vor seinem Tod begann eine Entwicklung,
während der vieles aus seinem Leben zur Legende umgeformt
wurde. Oft ist kaum noch zu klären, welche der ihm zugeschriebenen Maßnahmen tatsächlich geschehen sind. Hingegen wissen wir, dass er kein Untoter, kein Wiedergänger aus dem Totenreich und kein blutsaugender Vampir war. Um zu verstehen,
warum heute das Bild von Dracula als Vampir verbreitet ist,
muss ein zweiter Strang historischer Entwicklung untersucht
werden.

4. Vampirglauben und Vampir-Mythos

Der Mythos des Blutes

«Blut ist ein ganz besondrer Saft», sagt Mephistopheles zu Faust im ersten Teil von Johann Wolfgang von Goethes (1749–1832) Tragödie. Mythen beziehen sich auf den Ursprung der Welt oder auf die Erklärung des Fernen und Fremden, des Unbegreiflichen und des Existentiellen. Sie sind Erfindungen, auch wenn sie oft einen historisch fassbaren Kern haben, treffen auf Widerhall, werden weitererzählt und verändern sich. Die Attraktivität des Vampir-Mythos bis heute hat mit der Faszination des Blutes, des Eindringens in den menschlichen Körper, der Erotik sowie der Gewalt zu tun. Zugleich spiegelt der Mythos gesellschaftliche Verhältnisse.

Blut gilt als Saft des Lebens und Sitz der Seele. Es hat eine reinigende und – im religiösen Sinn – erlösende Eigenschaft. Religiöse Menschenopfer wurden häufig mit dem Schnitt in den Hals oder dem Stich ins Herz vorgenommen. Verbreitet ist in bäuerlichen Gesellschaften die Sitte, das Blut geschlachteter Tiere zu trinken, um Kraft zu gewinnen. Das Blut Jesu am Kreuz verweist auf die Erlösung der Menschen. In der Vergangenheit glaubten auch viele Menschen, ein Bündnis mit dem Teufel werde durch Blut besiegelt. Manchmal wurde gar Leidenden – etwa Epileptikern – Menschenblut, beispielsweise von Enthaupteten, gereicht, um sie zu heilen; erkrankte Hautteile bestrich man oft mit Blut. Ebenso sollte Blut vor Feuer, Hexen und anderen Gefahren schützen. Nicht zuletzt Menstruationsblut schrieb man besondere Kräfte zu. Liebesbeziehungen wurden mit Blut bekräftigt. Die «Blutsbrüderschaft» festigt eine Gemeinschaft, die «Blutsverwandtschaft» verbindet Familien, die Geburt ist mit Blut verbunden, das «blaue Blut» trennt soziale Schichten, «Blutrausch» ist an Gewaltausübung geknüpft, um nur einige Stichworte zu nennen. Spätestens seit der Entdeckung des Blutkreislaufes im 17. Jahrhundert wurde eine Parallele zum Wirtschaftskreislauf gezogen, der den Staatskörper zusammenhalte. Mehr und mehr war dann auch die Argumentation zu hören, der «Volkskörper» müsse vor «Verunreinigung» geschützt werden. Die «Reinheit des Blutes» spielte schon früher eine Rolle, um eine «Vermischung» mit unerwünschten Bevölkerungsgruppen zu verhindern, etwa beim spanischen Adel, der diese Begründung seit dem 15. Jahrhundert gegen die Juden richtete.

Juden hatten ohnehin für den Blutmythos im Abendland eine große Bedeutung. Sie galten als süchtig nach Christenblut. Die im 12. Jahrhundert aufkommende Ritualmordlegende besagte, dass Juden christlichen Kinder auf rituelle Weise Blut abzapfen, um es für die Herstellung ihres Pessachbrotes zu verwenden oder es als heilende Medizin zu gebrauchen, nicht zuletzt zum Verschließen der Beschneidungswunden. Diese Vorstellungen entwickelten sich in engem Zusammenhang mit der Verfestigung der Lehre innerhalb der katholischen Kirche, während des Abendmahles würden sich Brot und Wein tatsächlich in den Leib und das Blut Christi verwandeln. Da die Christen die Juden auf wirtschaftliche Betätigungsfelder abgedrängt hatten, die sie selbst zunächst nicht hatten ausüben dürfen – namentlich auf das Zinsgeschäft und den Geldverleih –, kam der Vorwurf des Wuchers hinzu. Auf diese Weise würden die Juden den Christen das Blut aussaugen, das dem Menschen seine Lebens- und Arbeitskraft gebe. Häufig verband sich dieser Vorwurf mit dem Bild des Blutegels.

Von diesen Vorstellungen ist leicht eine Verbindung zum Glauben an Vampire herzustellen. Aber dieser ist in seinem Ursprung wesentlich älter.

Der Ursprung des Vampirglaubens

Unter einem Vampir wird in der Regel ein Toter verstanden, der aus dem Grab wiederkehrt und Lebenden das Blut aussaugt, um selbst Lebenskraft zu erhalten. Entscheidend ist dabei die Eigenschaft des Untoten, Lebenden begegnen zu können. An die Stelle des Blutsaugens können auch andere Formen treten: Töten oder Verletzen von Tieren und Menschen auf sonstige Weise, Menschenfleisch essen, sexuelle Heimsuchungen. Trotzdem verbindet sich das Merkmal des Blutsaugens am stärksten mit dem Vampir. Innerhalb Europas wird der Volksglaube an derartige Wesen zumindest in der Neuzeit fast ausschließlich den östlichen Regionen zugeschrieben.

Über die Herkunft des Wortes «Vampir» streiten die Spezialisten. Bevorzugt wird oft eine turksprachliche Urform, die über das Tatarische und Tschuwaschische in die slawischen Sprachen eingeflossen sei. Ihre Bedeutung verbindet sich mit Hexen, bösen Geistern und «Verschlingern». Andere Wissenschaftler leiten die Herkunft aus dem Slawischen ab: im Russischen etwa «upyŕ», im Polnischen «upiór». Dabei stünden dann Fähigkeiten wie Fliegen und Saugen im Vordergrund. Doch auch weitere Ableitungen werden erörtert. Der genaue Weg des Wortes durch die Jahrhunderte bis hin zur späteren Verwendung liegt im Dunkeln. Im deutschsprachigen Raum scheint das Wort «Vampir» um 1721 eingeführt worden zu sein; 1732 wird es in mehreren Berichten erwähnt.

In verschiedenen Regionen Osteuropas sind ohnehin andere Begriffe für Vampire gebräuchlich: In Rumänien ist die Bezeichnung «strigoi» für den männlichen und «strigoaică» für den weiblichen Vampir – in der Regel auch für Hexen – gebräuchlich, ähnlich in Serbien, Kroatien, Dalmatien und Istrien «strigun» und «striga». In Serbien finden sich weiterhin die Begriffe «talasum» oder „(pri)kosac". Verwandt ist in diesen Gegenden der «vukodlak» (bulgarisch «vălkodlak» oder «vărkodlak», rumänisch «vârcolac»), der für den Werwolf wie für den Vampir stehen kann. Mit «Werwolf» («Mannwolf») wird ein lebender Mensch bezeichnet, der sich in einen Wolf verwandelt und dann andere Menschen anfällt, ihr Fleisch frisst und ihr Blut trinkt. Dass er hier denselben Namen wie der Vampir hat, weist darauf hin, dass in diesen Gegenden auch Lebende als Vampire angesehen werden können. In Bulgarien gibt es den «drakos», aber auch den «karakondžo» oder den «talsăm». Die Albaner kennen den «dhampir» oder noch eher den «lugat», die südosteuropäischen Roma den «ipiri». Davon zu unterscheiden sind, wenngleich Querbeziehungen bestehen, die «mora» (rumänisch «moroi», weiblich «moroaică»), der Mahr oder Alb, den man sich als böse Frau vorstellt, die nachts in anderer Gestalt umgeht und Menschen würgt, beißt und ihnen die Lebenskraft aussaugt, oder die «duhovina» (rumänisch «duh»), das Gespenst, das als Nebel erscheint und vor allem ungetaufte Kleinkinder verschlingt, ähnlich die «navi», die Geister ungetauft gestorbener Kinder, die – wie hauptsächlich aus der bulgarischen Region überliefert ist – Wöchnerinnen und Säuglinge überfallen und ihnen das Blut aussaugen können. Im russischen Volksglauben, teilweise auch anderswo, ist der Hausgeist – ein Überrest des Ahnenkultes – als Mahr bekannt, der nachts erscheint und den Menschen im Schlaf drückt, manchmal auch tötet. Er kann in Gestalt eines lebenden oder verstorbenen Menschen, aber auch als Tier auftreten. «Unreine Tote» verstehen es, andere Geisterformen anzunehmen. In diesen Zusammenhang gehört die Auffassung von Vampiren, wie sie sich von der Ukraine und von Weißrussland aus verbreitet hat. Weitere Bezeichnungen, die Ähnliches ausdrücken, finden sich in Ungarn und Griechenland.

In den Mythen, Sagen und Legenden zahlreicher Kulturkreise in allen Erdteilen gibt es Vorstellungen des Vampirismus. Eine sehr frühe Form ist die Sage von Lilith. Diese taucht bei den Sumerern und Assyrern als Göttin oder Geist des Windes auf, ebenso in der Bibel im Buch Jesaja 34,14 als Dämonin. In der jüdischen Tradition – auch in Osteuropa – gilt sie als erste Frau Adams, die ebenso wie dieser aus Erde geformt worden war und sich ihm nicht unterordnen wollte. Deshalb wurde sie aus dem Paradies verbannt. Nachts kehrt sie seitdem wieder, verführt die Männer und tötet Kinder, wenn diese nicht durch ein Amulett geschützt sind. Im germanischen Sagenkreis ist es Perchta, auch Hulda oder Holle, die nachts aus dem Totenreich erscheint und neugeborene Kinder zu erwürgen sucht. Im griechischen und römischen Denken finden sich ebenfalls Vorstellungen von Vampiren. Die Erinnyen etwa, die mit Fledermausflügeln ausgestatteten «Rächerinnen des vergossenen Blutes», entziehen den Mördern das Blut. Strigen sind Hexen, die als vampirähnliche Nachtvögel – «strix» ist eine Ohreule – Kindern das Blut aussaugen und giftige Milch in den eigenen Brüsten gewinnen; daraus hat sich wahrscheinlich die Bezeichnung für Vampire in Rumänien, Serbien, Kroatien, Dalmatien und Istrien gebildet. Lamien sind in der griechischen Mythologie – nach der Sage von Lamia – weibliche kinderfressende und blutsaugende Vampire. Ihnen entsprechen die römischen Lemuren als Geister von Verstorbenen, die friedlos umherirren und Schaden anrichten. Auch Empusen töten Kinder und saugen ihnen das Blut aus.

Insgesamt sind es also fast ausschließlich Frauen, denen vampirische Eigenschaften zugeschrieben werden: Sie sind Untote und Wiedergängerinnen aus dem Totenreich, schaden den Menschen, insbesondere den Kindern, saugen Blut. Oft verfolgen sie sexuelle Wünsche, sind vom rechten Glauben abgefallen und verkörpern das Böse. In der Regel sind es starke Frauen, die sich – wie Lilith – männlichem Verlangen widersetzen. All diese Eigenschaften werden im späteren Vampir-Mythos auf Männer übertragen.

Jedenfalls verwundert es nicht, dass in der ersten bekannten literarischen Verarbeitung des Vampir-Motivs eine Frau im Mittelpunkt steht. In Phlegons (2. Jahrhundert n. Chr.) «Die Braut von Amphipolis» aus seinem «Buch der Wunder» kehrt Philinnion, die aus unerfüllter Liebe zur Untoten geworden ist, jede Nacht zu ihrem Geliebten zurück; am Morgen sucht sie wieder ihr Grab auf. Neben dem erotisch-sexuellen Begehren taucht bereits hier das Motiv auf, dass ihr Geliebter ebenfalls sterben muss: Er nimmt sich aus Verzweiflung das Leben. Philinnions Leichnam wird, nachdem ihr Wesen entdeckt worden ist, außerhalb der Stadtmauern verbrannt, damit sie nicht noch einmal ihr Grab verlassen kann. Goethe wird diese mythische Erzählung als Quelle für seine Ballade «Die Braut von Corinth» nutzen.

Offensichtlich hängt die Angst vor Wiedergängern und Vampiren mit dem Ahnenkult und mit naturreligiösen Glaubensinhalten zusammen, dass Tote unter bestimmten Bedingungen aus dem jenseitigen Reich wieder erscheinen und sich in die Belange der Lebenden einmischen können. Solche Vorstellungen wurden durch die Erfahrung gestärkt, dass oft besonders geliebte oder verhasste Menschen nach ihrem Tod in der Erinnerung oder im Traum stetig wiederkehrten. Vielfach wird von Befürchtungen berichtet, der Tote könne sich noch einmal einfinden, um sich für vergangenes Unrecht zu rächen oder um die Lebenden in sein Reich zu holen. Um sich davor zu schützen, mussten bestimmte Bestattungsrituale eingehalten werden. Archäologen haben Bestätigungen für derartige Ängste gefunden: Leichname lagen auf dem Bauch, oder es waren ihnen die Hände am Sarg festgenagelt. Anderen hatte man Felsbrocken auf Brust und Beine gelegt oder ihnen nach dem Tod die Gliedmaßen gebrochen. Einem Frauenskelett auf einem Friedhof in Venedig steckte ein Ziegelstein im aufgerissenen Kiefer. Möglicherweise drückte sich hier die Furcht vor einer Wiedergängerin aus, die noch Lebende überfallen und deren Fleisch essen oder ihr Blut trinken wolle. Ebenso sind in einigen Fällen Spuren von Pfählungen entdeckt worden. Es bleibt allerdings unklar, ob es sich dabei um die Hinrichtung angeblicher Vampire oder um die Ausführung eines Todesurteils an Straftätern handelte. Ohnehin muss man mit Interpretationen vorsichtig sein, denn wir wissen in der Regel nichts über die Begleitumstände der Bestattungen.

Vampire und vergleichbare Wesen befinden sich «zwischen den Welten». Wiedergänger aus dem Totenreich sind häufig Ermordete, Selbstmörder und Mörder oder sonst in irgendeiner Form schuldig gewordene Menschen. Zwischen den Welten befinden sich auch die Schamanen mit ihren Jenseitsvorstellungen. Im Trancezustand reisen sie in die jenseitige Welt, die sie als Wirklichkeit wahrnehmen. In den dortigen Begegnungen erfahren sie, wie mit Vorgängen im Diesseits umzugehen sei. Sie sind Mittler zwischen beiden Welten, zwischen Lebenden und Toten. Auch bei den Kelten waren derartige Überzeugungen verbreitet. Ganz selten konnten nach ihren Erzählungen Sterbliche in die «andere Welt», in der die Seelen ewig lebten, reisen und davon künden. Die Germanen hatten ebenfalls eine unmittelbare Beziehung zum Reich der Toten und kannten Untote. Schamanische Praktiken sind zum Teil überliefert. Derartige Traditionen sind noch im 16. und 17. Jahrhundert bei den Benandanti im nordostitalienischen Friaul zu beobachten.

Die Furcht vor Wiedergängern aus dem Totenreich ist auch in späteren Zeiten in vielen Regionen der Welt verbreitet. Sie begegnen uns nicht nur in Vorstellungen von der «Wilden Jagd», dem Heer der Toten, das um den Jahreswechsel herum durch die Lüfte fliegt und Lebende heimsucht. Der Glaube, dass Tote für eine bestimmte Zeit und für einen bestimmten – guten oder bösen – Zweck aus dem Jenseits zu den Lebenden zurückkehren können, ist aus unzähligen Quellen des Mittelalters und der Frühen Neuzeit überliefert. Wie man sich das Jenseits vorstellte, ist etwa bei Dante (1265–1321) in seiner «Göttlichen Komödie» nachzulesen. Dass sich die Seelen verwandeln können, zeigt folgender Vers aus dem 25. Gesang der Hölle: «Die Seele, die zum Tier geworden war, / rauscht schlangenzischend weg und flieht durchs Tal (...)». Der Teufel verbirgt sich als schwarzer Vogel in der Kapuze eines Predigers, schreibt Dante im 29. Gesang des Paradieses. Ebenso ist in vielen anderen Zeugnissen von Abwehrmaßnahmen gegen wiederkehrende Tote die Rede, von kindfressenden untoten Frauen, von Tieren, die angeblich Verstorbene verkörpern und jetzt andere Menschen anfallen. Doch die Aufmerksamkeit, nach Vampiren zu suchen, hat sich auf Osteuropa konzentriert und ist dort ohne weiteres fündig geworden.

Hier trifft man, mit regionalen Besonderheiten, auf Hinweise, wie jemand zum Vampir werden kann. Ausschlaggebend sind ungünstige Umstände bei der Geburt oder die fehlende Taufe bei Kindern, die kurz nach der Geburt starben, ebenso «unnatürliche» Todesfälle – etwa im Krieg oder durch eine Gewalttat –, Missachtung der Rituale beim Begräbnis, merkwürdige Vorgänge nach dem Tod oder während der Bestattung – etwa wenn ein Tier über den Toten springt –, sündiger Lebenswandel und natürlich die Ansteckung durch einen Vampir selbst. Meist handelt es sich um Außenseiter und Einzelgänger, «böse Menschen» oder angebliche «Hexen». Oft kehren sie zu ihren Frauen, Männern, Freunden oder Feinden zurück und trinken deren Blut. Manchmal verwandeln sie sich dabei in andere Menschen oder Tiere, erscheinen jedenfalls als Lebendige.

In Rumänien und Istrien sowie einigen weiteren Gegenden ist darüber hinaus der Glaube verbreitet, dass die Strigoii oder Striguni bereits gekennzeichnet zur Welt kommen, nämlich in einer «schwarzen Blase», in der Nachgeburt, die sich vom Blut dunkelrot gefärbt hat, oder mit einer haubenähnlichen Beschichtung auf dem Kopf. Sie verhalten sich schon zu Lebzeiten auffällig. Deshalb muss man sie so bestatten, dass sie nicht aus dem Grab wiederkehren können. Üblich ist die Methode, den Verstorbenen einen Hufnagel durch die Zunge zu schlagen, um sie am Blutsaugen zu hindern, sie in irgendeiner Weise im Sarg zu befestigen oder die Leiche mit Steinen zu beschweren. Gelingt es den Strigoii doch, das Grab zu verlassen, sind sie übermächtig. Interessanterweise bekämpfen sie sich gegenseitig, haben aber auch starke Gegner: die Krsniki (auch: Kresniki). Diese kommen in einer «weißen Blase», der Glückshaube, zur Welt und beschützen die Menschen vor den Vampiren. Ihre Kämpfe tragen sie, vergleichbar den Schamanen und Benandanti oder auch den ungarischen Táltos, in einem tranceähnlichen Zustand aus. Andernorts galten die «guten» Vampire als «Vampirsöhne», die der Verbindung zwischen einem Vampir und einer Frau entsprungen sind. Sie können die «echten» aufspüren und töten.

Wehren kann man sich, abgesehen von den Bestattungsriten, vor allem mit dem Kreuz und anderen christlichen Symbolen, aber auch mit Amuletten und stark riechenden Substanzen. Hier und dort wird geglaubt, der Vampir habe einen Zähltick. Deshalb legt man ihm Erbsen oder ähnliche Gegenstände ins Grab, damit er vor lauter Zählen nicht dazu kommt, die Lebenden heimzusuchen. Sollen die Vampire vernichtet werden, gibt es in den osteuropäischen Regionen verschiedene Methoden: etwa einen Holzpfahl durch das Herz treiben, das Herz herausschneiden und verbrennen, den ganzen Leichnam verbrennen, den Toten enthaupten, die Knochen mit Weihwasser oder geweihtem Wein übergießen. Im Übrigen soll die Asche des verbrannten Herzens, mit Wasser vermischt, als Trank Krankheiten heilen. Die Muslime in Südosteuropa haben nach einigen

Berichten den Vampirglauben übernommen. Die Quellen, die über Vlad Drăculea überliefert sind, geben keinen Anlass, ihn als Vampir einzuordnen. Entsprechend ist auch in den Zeugnissen zum Volksglauben kein Bericht zu entdecken, in dem er als ein untoter Wiedergänger erscheint.

Verwandte Vorstellungen finden sich bei den Roma in Osteuropa: Wenn ein Mensch gewaltsam und unnatürlich zu Tode kommt, zur Unzeit stirbt oder ohne die üblichen Riten bestattet wird, bleibt er ein Untoter, ein «Mulo». Auch im Volksglauben des osteuropäischen Judentums ist ein ähnliches Gedankengut zu beobachten. Den Juden ist es verboten, Blut zu verzehren. Es ist Symbol für das Leben und den Bund mit Gott. In der Sage vom Golem, dem durch Magie aus Lehm geschaffenen künstlichen Menschen, klingen Vorstellungen von Beziehungen zwischen dem Totenreich und der Welt der Lebenden an. Spezifisch osteuropäisch ist der chassidische Begriff des Gilgul, der die Wiedergeburt einer Seele bezeichnet, aber auch für einen Wiedergänger aus ungesühnter Schuld verwendet werden kann. Ebenso finden sich in den Legenden osteuropäischer Juden Geschichten von Menschen, die sich in Werwölfe verwandeln, von Untoten, die Menschen erscheinen und sie an ihre Sünden erinnern, oder von Dämonen, die sich mit Menschen verbinden.

Wie lebendig für viele Jüdinnen und Juden die Möglichkeit war, dass Tote wiederkehren könnten, zeigt die Vorstellung von einer ruhelosen Seele, die nicht ins Jenseits eingehen kann, weil sie im Diesseits noch etwas «verloren», etwas zu erledigen hat. Dieser Untote, der «Dibbuk», wandert zwischen den Welten und heftet sich an einen Lebenden, der von ihm «besessen» wird. Nur durch besondere Rituale kann der Dibbuk erlöst werden. Der ostjüdische Dichter An-skij (1863–1920, eigentlich: Schlojme Zanvil Rapoport) hat dieses Motiv in seiner «dramatischen Legende» «Der Dibbuk» verarbeitet, die 1920 uraufgeführt wurde. In anderen literarischen Werken vermischen sich manchmal Volksglauben und Einflüsse des späteren Vampir-Mythos, etwa in verschiedenen Romanen und Erzählungen Samuel J. Agnons (1888–1970) oder Isaac Bashevis Singers (1904–1991).

Die Verwandlung der Seelen in Tiere wird, jedenfalls im osteuropäischen Volksglauben, in der Regel nicht mit Fledermäusen in Verbindung gebracht. Vielfach sind Raben, Hunde oder Katzen die «Seelentiere» der Vampire. Besonders häufig tauchen im osteuropäischen Volksglauben Schmetterlinge als Symbole des Todes und als «Seelentiere» Verstorbener auf, die noch einmal in die Welt der Lebenden zurückkehren. Zu Lebzeiten Vlad Drăculeas war diese Verbindung ebenfalls selbstverständlich. Hans Memling (ca. 1440–1494) malte zwischen 1467 und 1473 das berühmte Altartriptychon «Das Jüngste Gericht». Die zur Hölle verdammten Menschen werden von Teufeln getrieben und gequält. Auffällig sind mehrere von ihnen mit schönen Schmetterlingsflügeln versehen. Schmetterlinge als Symbole für das Totenreich und für Höllenfiguren waren in der damaligen Malerei keineswegs ungewöhnlich. Wir finden sie desgleichen oft auf alten Grabsteinen, auch auf jüdischen. In der belletristischen Literatur wird das Motiv ebenfalls aufgegriffen, so in Stefan Andres' (1906–1970) Erzählung «Die Rache der Schmetterlinge» von 1953 oder in Salman Rushdies (*1947) Roman «Satanische Verse» von 1988. In Mexiko kündigen noch heute Schmetterlinge, die im Herbst zur Überwinterung kommen, die «Tage der Toten» an.

Der Volksglaube ist in Märchen, Sagen, Legenden und Liedern fassbar, er schlägt sich aber auch in schriftlichen Quellen aus dem Mittelalter und der Frühen Neuzeit nieder, die vereinzelt aus den verschiedensten europäischen Ländern überliefert sind. Sie berichten von Wiedergängern, die Böses taten, Menschen töteten, Frauen heimsuchten oder Seuchen verursachten. Manchmal hieß es, sie würden Menschen und Vieh das Blut aussaugen. Im Sarg finde man sie wie lebendig, weich, beweglich, aufgeschwollen und mit rötlicher Hautfarbe. Häufig gäben sie Blut von sich. Sie wurden durch den Pfahl gerichtet, teilweise zusätzlich enthauptet und verbrannt. Als Schutz vor ihnen müsse man ihr Blut in das Brotmehl mischen und davon essen. Die Vorgänge, wie sie später vor allem mit den Vampiren in Osteuropa verbunden wurden, trugen sich damals offenkundig in ganz Europa zu. Zwar ist die Zahl der Quellen dürftig, doch weisen gesetzliche Vorschriften, die die Praktiken im Umgang mit Wiedergängern und Untoten einzudämmen suchten – etwa seitens des 1346 zum Kaiser der Serben und Griechen gekrönten Stefan Dušan Uroš (1308–1355) –, darauf hin, dass sie mancherorts recht gebräuchlich waren.

Einen besonders interessanten Fall beschrieb 1689 der österreichische Landschaftshauptmann Johann Weichard Freiherr von Valvasor (1639/41–1693), als er den Volksglauben im Grenzgebiet zwischen Österreich und Venetien, namentlich in Istrien, schilderte. Ein Strigon genannter Vampir gehe umher, sauge den Kindern das Blut aus und klopfe an die Tür von Häusern, in denen dann ein Mensch sterben werde. 1672 habe man im istrischen Kringa (Krink) den Leichnam des Giure Grando, der für einen Strigon gehalten worden sei, ausgegraben. Nach seinem Tode 16 Jahre zuvor sei er bei Nacht mehreren Menschen erschienen, die anschließend verstorben seien. Auch seine Witwe habe er aufgesucht und «würcklich beschlaffen». Diese habe das aus «Abscheu» angezeigt. Daraufhin hätten Dorfbewohner vergeblich versucht, dem Leichnam, der noch wie lebendig im Grab gelegen habe, einen Pfahl durch den Leib zu treiben. Deshalb habe man ihm dann den Kopf abgeschnitten und dabei das Kruzifix gehalten. Da beim Pfählen aus dem Leichnam Blut ausgetreten sei und sich der Leib gekrümmt habe, als ob er lebe und Schmerzen empfinde, hätten sich die Bauern in ihrem Glauben bestätigt gesehen, obwohl die Obrigkeit solche Verfahren verboten habe. Er, Valvasor, habe von einer Anzahl solcher Fälle erfahren und halte sie für Aberglauben. Alle Vorgänge könnten auf natürliche Weise erklärt werden. Den Frauen unterstellte er, sie würden nur vorgeben, von einem Strigon besucht worden zu sein, um zu verschleiern, dass sie mit einer sehr realen Person Umgang hatten. Die Erinnerung an Grando und die Angst, er könne sich rächen, ist noch heute in Kringa lebendig. 1924/25 wollte Hermann Hesse (1877–1962) diesen Bericht zusammen mit anderen Vampir-, Spuk- und Gespenstergeschichten, die in den 1850er Jahren im «Rheinischen Antiquarius» veröffentlicht worden waren, herausgeben, fand aber keinen Verleger. 2006 verarbeitete der kroatische Autor Boris Perić (*1966) jene Geschichte in seinem Roman «Vampir».

Vampire im Volksglauben des 18. Jahrhunderts und die Aufklärung

Im 18. Jahrhundert erreichte der Umgang mit dem Vampirglauben eine neue Qualität. Jetzt, mit dem Aufkommen neuer Medien wie den Zeitungen, konnten die Vampir-Fälle viel rascher überregional bekannt gemacht werden. Darüber hinaus vollzogen sich im östlichen Europa selbst tiefgreifende Umbrüche: Das Russische Reich stieg zu einer neuen Großmacht auf. Hingegen wurde die osmanische Herrschaft mehr und mehr zurückgedrängt, die neue, die an ihre Stelle trat, war noch nicht gefestigt. Ebenso begannen sich Glaubensvorstellungen zu wandeln. All das verstärkte vorhandene Verunsicherungen und Ängste. Was würde die Zukunft bringen? Bisherige Orientierungen und Deutungsmuster für Vorgänge im Alltagsleben reichten nicht mehr aus.

Gerade in den Gebieten, aus denen die Osmanen vertrieben wurden, erlebten die Hexenverfolgungen einen Höhepunkt. Noch mehr erregten Nachrichten über Vampire die Gemüter. Hexen personifizieren ebenso wie Vampire das Böse und bieten sich als «Sündenböcke» an. Weitere Gemeinsamkeiten bestehen etwa in der Möglichkeit, sich in eine Tiergestalt zu verwandeln. Wie Hexen richten auch Vampire Schäden an oder werden bei Konflikten in einer Gemeinde als Verursacher angesehen. Insgesamt konnten aber offenbar die aus den Gräbern wiederkehrenden Vampire schlüssiger für sonst unerklärliche Geschehnisse verantwortlich gemacht werden als Hexen und eröffneten zugleich mehr Raum für Phantasien.

1731/32 wurde ganz Europa durch Zeitungsmeldungen aufgeschreckt, in Nordserbien, im Dorf Medvegya an der Morava, habe ein tödlich verunglückter Haiduck – in diesem Fall ist ein Soldat gemeint, der zur Grenzsicherung gegen die Osmanen eingesetzt war – namens Arnont Paule (vermutlich Pavle mit Vornamen) nachts als Vampir andere Personen umgebracht. Zu seinen Lebzeiten habe er ausgesagt, bei seinem Dienst an der Grenze zum Osmanischen Reich – bei «Cossowa» – von einem Vampir geplagt worden zu sein. Um ihn loszuwerden, habe er von der Erde seines Grabes gegessen und sich mit Vampirblut eingeschmiert. Arnonts Leichnam wurde ausgegraben, und man stellte fest, dass er nicht verwest war, ihm frisches Blut aus den Körperöffnungen herausfloss und seine Finger- und Fußnägel lang gewachsen waren. Ein Pfahl wurde ihm – «nach ihrer Gewohnheit», wie der untersuchende Regimentsarzt Johann Flückinger berichtete – durch das Herz getrieben und sein Körper verbrannt. Dasselbe geschah mit denjenigen, die er angeblich getötet hatte, weil diese sonst ebenfalls zu Vampiren geworden wären. Weitere unerklärliche Todesfälle deutete man sich damit, dass manche Verstorbene Fleisch von Tieren gegessen hätten, die von Arnont Paule als Vampir angefallen worden seien. Nach der Graböffnung fand man wiederum einige Leichen in ähnlichem Zustand wie Arnont; sie wurden, diesmal durch Zigeuner, geköpft und verbrannt.

Plötzlich erinnerte man sich vergleichbarer Vorfälle in der jüngsten Vergangenheit andernorts, vor allem in Ungarn, Siebenbürgen und Polen. 1718 etwa hatte in Lublau (Lubló), einem Ort in der Zips am Fuße der slowakischen Karpaten, ein gewisser Mihály Kaszparek als angeblicher Wiedergänger, der noch nach längerer Zeit unversehrt im Grab lag, Aufsehen erregt. Er soll nicht nur häufig seiner Frau beigewohnt, sondern auch zahlreiche andere Frauen heimgesucht haben. Interessanterweise erschien er, glaubt man den Berichten, in der Regel zu Pferd. Kálmán Mikszáth (1847–1910) hat diese Geschichte 1892 in seiner Erzählung «Das Gespenst von Lubló» verarbeitet. 1725 war im slawonischen Dorf Kisolova das Grab eines gewissen Peter Plogojowiz geöffnet worden. Mehrere Dorfbewohner, die auf unerklärliche Weise gestorben waren, hatten vor ihrem Tod ausgesagt, der verstorbene Plogojowiz sei zu ihnen gekommen, habe sich auf sie gelegt und sie gewürgt. Auch seine Frau wollte ihn gesehen haben. Im Grab fand man ihn unverwest, mit frischem Haar, neu gewachsenen Nägeln und Blut im Mund. Er wurde als Vampir gerichtet, indem die Dorfleute einen spitzen Pfeil durch sein Herz trieben und den Leichnam dann verbrannten. Bereits 1701 oder 1702 hatte es Vampir-Vorfälle in einem Dorf bei Edirne (Adrianopel) und in der Stadt selbst, also im Osmanischen Reich, gegeben. Die Analyse der Quellen zeigt, dass die Muslime hier Vorstellungen der christlichen Bevölkerung übernommen hatten.

Im Unterschied zum heute gängigen Bild wird im Übrigen bei keinem der erwähnten Fälle überliefert, dass die vermeintlichen Vampire ihre Opfer gebissen und ihr Blut ausgesaugt hätten. Stattdessen sollen sie sie erwürgt haben, Frauen seien vergewaltigt worden; hin und wieder wird von Schädigungen an Mensch und Tier durch magische Einwirkung berichtet.

Für die Verbreitung der Geschichten über Vampir-Funde war nicht zuletzt Herzog Karl Alexander von Württemberg (1684–1737) verantwortlich. Als Generalgubernator der Habsburger in Serbien verschickte er Abschriften der Untersuchungsberichte und informierte bei vielen Anlässen über die unheimlichen Ereignisse. Auf Reisen durch Deutschland vermittelte er seine Vampir-Kenntnisse der höfischen und gelehrten Öffentlichkeit. Dabei lernte er 1732 den Bankier und Handelsmann Joseph Süß Oppenheimer (1697/98–1737) kennen und stellte ihn kurz darauf, als er das Herzogsamt übernahm, in seinen Dienst ein. Als «Jud Süß» wurde Oppenheimer nach dem Tod des Herzogs 1737 Opfer eines Justizmordes: Die Gegner der vorangegangenen Modernisierungsmaßnahmen rächten sich an ihm, indem sie ihm alle möglichen Verbrechen unterstellten. In einem Hass-Gedicht wurde er gar als Vampir und Bluthund bezeichnet. Im Verhör drehte Oppenheimer den Vorwurf um. Einem seiner Peiniger warf er vor, dieser sei «ein Landesvampir, er wolle ihm, dem Juden sein Blut aussaugen». Schon früh zeigte sich damit eine Folge der Vampir-Diskussion, die weit über eine Erörterung der Grabfunde hinausging.

Eine regelrechte Vampir-Literatur, mit vielen Spekulationen, entfaltete sich, überwiegend unter Gelehrten. Weitere Vorkommnisse im osteuropäischen Raum heizten sie an. Auch der Zusammenhang zwischen Vampiren und Fledermäusen tauchte nun auf. Hernando Cortés (1485–1547) soll während der Eroberung Mexikos eine blutsaugende Fledermausart als Vampir-Fledermaus bezeichnet haben. Diese Zuordnung verbreitete sich in der folgenden Zeit in Europa. Wissenschaftlich stellte

möglicherweise als Erster der französische Naturforscher
Georges-Louis Leclerc, Comte de Buffon (1707–1788), 1765
den Zusammenhang her, als er eine bislang kaum erforschte
Fledermausart nach den Vampiren benannte. Dies scheint eine
erhebliche Wirkung in der Öffentlichkeit gehabt zu haben. Jedenfalls finden wir seitdem immer wieder die Verbindung von
Vampiren und Fledermäusen. Drei Fledermausarten in Latein-
amerika trinken Blut von Tieren, seltener auch von Menschen.
Dabei können sie Krankheiten, namentlich die Tollwut, übertragen. Die in Europa verbreiteten Fledermausarten ernähren
sich von Insekten oder Pflanzen. Sie trinken kein Blut und sind
für Menschen in der Regel ungefährlich; allerdings können auch
sie von der Tollwut befallen werden.

Für die Identifizierung von Fledermäusen mit Vampiren
könnte ausschlaggebend gewesen sein, dass Fledermäuse in Europa – ganz anders als in Asien – schon seit langem als Boten
des Todes wie der Sexualität galten. Ebenso wurden sie oft als
Hexentiere angesehen. Darüber hinaus stellten Drachen mit fledermausartigen Flügeln im Mittelalter vielfach den vampirhaft
auftretenden Teufel dar. Der Drache und im Barock auch die
Fledermaus wurden als Symbole des Antichrist gesehen, die Fledermaus als Mischung von Vogel und Ratte oft auch als Symbol
des Judentums. 1799 malte Francisco de Goya (1746–1828) ein
Bild mit dem Titel «Der Schlaf der Vernunft gebiert Ungeheu-
er»: Ein Mann – die Vernunft – schläft, hinter ihm liegt eine rie-
sige Katze, und Schwärme von großen Vögeln fliegen herbei, die
teilweise wie Eulen, teilweise aber auch wie Fledermäuse mit
vampirhaften Zügen aussehen. Möglicherweise war Goya von
der Vampir-Diskussion beeinflusst.

Als 1753 und in den darauf folgenden Jahren erneut im
Habsburger Reich, diesmal aus Siebenbürgen, Mähren und dem
Banat, Berichte über Vampirismus bekannt wurden, verbot Ma-
ria Theresia 1755 in ihrer «Aberglaubens-Abstellung» den
Vampirglauben – ebenso wie andere Formen, darunter die Hex-
enverfolgung – und ordnete eine gründliche Überprüfung an.
Vor allem sollten Geistliche nichts mehr unternehmen, bevor
nicht politische Instanzen und Mediziner die Vorfälle unter-

sucht hätten. Um die in der Bevölkerung verbreiteten Vorstellungen nicht weiter zu schüren, ließ sie durch die Zensur eine Verbreitung der Nachrichten unterbinden. Das bot allerdings ihrem politischen Gegner, dem preußischen König Friedrich II. (1712–1786), die Gelegenheit, Österreich-Ungarn in einer Pressekampagne zu den angeblichen Vampir-Fällen als einen Hort des «Aberglaubens» und als ein rückständiges osteuropäisches Land verächtlich zu machen.

Eine wichtige Rolle spielte bei diesen Vorgängen Maria Theresias Leibarzt Gerard van Swieten (1700–1772), der der Unwissenheit mit wissenschaftlicher Erkenntnis begegnen wollte. In seiner 1768 publizierten Schrift «Vampyrismus» über einen Vampir-Fall in Hermersdorf an der oberschlesisch-mährischen Grenze 1755 wies er auf mögliche natürliche Ursachen der ungewöhnlichen Zustände im Grab hin, etwa auf besondere Gärungsprozesse der Leiche und auf Luftmangel, der die Verwesung verhindert habe. Der Regimentschirurg Georg Tallar, der bei vielen Exhumierungen verdächtiger Leichen zugegen gewesen war, vertrat die Ansicht, dass ungesunde Ernährung und übermäßiges Fasten den Boden für den Vampirismus bereiteten. Die angeblichen Vampir-Opfer seien überwiegend der ansteckenden Tuberkulose, andere dem Milzbrand und der Rinderpest zum Opfer gefallen. Er vermutete, dass sie die wiederkehrenden Untoten im Delirium gesehen hätten. Andere Autoren meinten, dass die Erscheinung von Vampiren im Zusammenhang mit Drogen, mit Sexualität oder mit Alpträumen gesehen werden müsse. Neben den Versuchen, eine vernunftgemäße Begründung zu finden, knüpften manche auch an die Traditionen des Hexenglaubens an. In der Gegend um Hermersdorf war ohnehin die Meinung verbreitet, Hexen würden nach ihrem Tod zu Vampiren.

Bis heute werden verschiedene Hypothesen erörtert, um jene Erscheinungen zu deuten. So wird auf Porphyrie als mögliche Diagnose hingewiesen, eine Stoffwechselerkrankung, die den Menschen empfindlich macht gegen Sonnenlicht und ihn zur Nachtaktivität veranlasst. Des Weiteren wird Tollwut genannt, weil sie mit Beißzwang verbunden ist und ebenfalls zu einer

Lichtempfindlichkeit führt. Das gespenstische Aussehen der angeblichen Vampire könne, so eine andere Annahme, von einer Anämie, einer Blutarmut, herrühren. Die Todesfälle von 1731 sind nach heutiger medizinischer Erkenntnis höchstwahrscheinlich auf eine Milzbrandseuche zurückzuführen.

Beim Zustand der Vampir-Leichen handelt es sich um eine bestimmte Phase im Verwesungsprozess, die aufgrund der Beschaffenheit des Sarges oder der Erde, durch Sauerstoffmangel und Kälte, verzögert auftreten kann. Fäulnisgase führen zur Aufblähung des Rumpfes und auch der Extremitäten sowie der männlichen Genitalien, der Körper sieht rosig und gut genährt aus. Der Gasdruck lässt rötlich gefärbte Flüssigkeit austreten, die Gasbläschen können als «Schmatzen» wahrgenommen werden. Die Haut an Händen und Füßen sowie die Nägel lösen sich. Die darunter liegende, glänzende Lederhaut und die leeren Nagelbetten täuschen eine neue Haut und neue Nägel vor. Dass die Ärzte, die seinerzeit die Leichen untersuchten, neben den angeblichen Vampiren vollständig verweste Leichen gefunden haben wollen, die erst kurz zuvor gestorben waren, wird von der heutigen Gerichtsmedizin als unmöglich betrachtet. Vermutlich handelte es sich um den Versuch, bei den höheren Behörden weitere Nachforschungsaufträge zu erhalten. Es ging wohl schlicht darum, Geld zu verdienen.

Insgesamt zeigte sich in den Diskussionen und in den staatlichen Maßnahmen die Wirkung der Aufklärung. Die aufgeklärt-absolutistische Monarchie beanspruchte, alle Lebensbereiche unter Kontrolle zu bringen, also auch den Volksglauben, der für so starke Unruhe sorgte. Die Entwicklung der Wissenschaften erlaubte es inzwischen, den «Aberglauben» zu entlarven und das Unerklärliche zu erklären. Die katholische Kirche nutzte die Gelegenheit, um die «eigensinnige» Volksfrömmigkeit zurückzudrängen. Sie kritisierte das «dumme Volk» – einschließlich des niederen Klerus –, das in der Schuld «verderbter und verkommener Phantasie» sowie des «Aberglaubens» verharre. Die Vorstellung vom Blutsaugen und -trinken entweihte die Bedeutung des Abendmahls. Die Mutmaßung, Tote könnten nachts wieder dem Grab entsteigen, widersprach der Auffassung, dass allein Gott die Toten auferstehen lasse. Ebenso rückte der Vampir-Glaube die Auferstehung Jesu in ein schiefes Licht. Die Kirche sah es auch nicht gern, dass die Untoten an Heilige erinnerten, die ebenfalls manchmal nicht verwesten oder denen im Grab die Finger- und Fußnägel weiterwuchsen. Voltaire (1694–1778) wies im Rahmen der Vampir-Diskussion darauf hin, dass einige der katholischen Heiligen wie lebend im Grab lägen.

Zugleich griffen Vertreter des Katholizismus die orthodoxen Gläubigen als abergläubisch und ungebildet an. Sie argumentierten, die Lehre der orthodoxen Kirche stütze den Vampirglauben theologisch, denn sie behaupte, der unverweste Körper – in der Regel von Exkommunizierten – könne nicht in den Himmel eingehen, wohl aber vom Teufel erweckt werden. In den christlichen Kirchen gab es unterschiedliche Vorstellungen darüber, was mit dem Körper und der Seele der Verstorbenen bis zum Jüngsten Gericht geschehe. Dies wirkte sich auch auf die Vampir-Diskussion aus, da die Aufsehen erregenden Funde im Grenzgebiet zwischen dem Osmanischen und dem Habsburger Reich stattfanden, in dem sich nicht nur christlicher und islamischer Glaube, sondern auch katholische und orthodoxe Konfession gegenüberstanden.

Bei den Vorschriften der Monarchen wie bei der Polemik der katholischen Kirche ist die Disziplinierungsabsicht unverkennbar. Doch noch mehr wird sichtbar. In dieser Zeit begann sich im Westen das Bild Osteuropas zu verfestigen. Zuvor war der Osten eher der Orient gewesen, also Ostrom, das Byzantinische Reich, später das Osmanische Reich. Polen-Litauen, das Baltikum, auch Russland zählte man zu «Nordeuropa». Erst jetzt, nachdem sich die Machtverhältnisse in diesem Raum zugunsten Russlands verschoben hatten, wurde «Osteuropa» im heutigen Verständnis «erfunden». Vereinzelte Informationen über die angeblich barbarischen Russen oder über die erniedrigenden Lebensverhältnisse der Bauern und die Abgeschiedenheit etwa der Karpaten und des Balkans vermischten sich mit einem neuen Selbstverständnis in den westlichen Ländern: Je mehr man sich dort seit dem 18. Jahrhundert als «Europa» und Zentrum der Zivilisation definierte, desto stärker musste «der Osten» als das rückständige, «andere Europa» erscheinen. Insofern wird nun, gerade auch gegenüber dem Volksglauben mit seinen Vampir-Vorstellungen, der «westeuropäische Blick» mit der Absicht spürbar, die «wilden Osteuropäer» mit ihren abenteuerlichen Vorstellungen zu «zivilisieren».

Der Erfolg blieb begrenzt. Die Menschen erlebten in ihrem Alltag, in ihrer Wirklichkeit Unerklärbares, und die Antworten der Kirche und der Wissenschaft – und mit ihnen der staatlichen Verordnungen – reichten ihnen nicht, nahmen ihnen nicht ihre Ängste, ihr Gefühl des Ausgeliefertseins. Deshalb wollten sie sich etwas Eigenes bewahren, und das bedeutete nicht zuletzt, bewusst oder unbewusst: autonome Handlungsspielräume gegen die Strategien der Mächtigen in Staat und Kirche.

Durch aufklärerisches Denken wurde die Unhaltbarkeit des Vampirglaubens festgestellt. Dies hatte wichtige Folgen. In der gesamteuropäischen Debatte griffen Aufklärer einen Gedanken auf, der vereinzelt schon früher seinen Niederschlag gefunden hatte und von nun an seine Wirkung bis heute entfaltete: Sie übertrugen das Bild des blutsaugenden Vampirs auf bestimmte Menschengruppen. Die «wahren Sauger», schrieb Voltaire, «hielten sich nicht auf Friedhöfen auf, sondern in äußerst angenehmen Palästen». Für ihn waren es die Spekulanten, die Kaufleute, die Könige, nicht zuletzt «die Mönche, die auf Kosten der Könige und des Volkes essen». Teilweise sei der christliche Glaube ebenso ein Aberglaube wie der Volksglaube. Dieses Argument passte hier in besonderer Weise, da die Kirche zwischen dem 15. und 17. Jahrhundert mit ihren Verlautbarungen zu den Hexenverfolgungen und mit der entsprechenden Praxis erheblich zur Verbreitung von «Aberglauben» beigetragen hatte. In manchen Kreisen der damaligen Zeit galt die Nacht als Symbol für die katholische Kirche, die Sonne hingegen, die den Tod für die Vampire bedeutet, versinnbildlichte die Aufklärung.

In der Zeit der Französischen Revolution zeigten Karikaturen Marie Antoinette als Vampirin oder Robespierre als Vampir. Von hier aus zieht sich, häufig gleichfalls durch Karikaturen gefördert, eine Linie zu jenen Vorstellungen, die den Kapitalisten, den Spekulanten, das Weib – den Vamp –, den «Zigeuner», den

Politiker, aber auch einen Menschen, der anderen durch Aufdringlichkeit oder Besitzstreben in irgendeiner Weise Kraft raubt, als Vampir bezeichnen. Insbesondere wurde gerade «der Jude» als Vampir denunziert, mit dem Höhepunkt im Nationalsozialismus und in Adolf Hitlers «Mein Kampf». So konnte eine Brücke zum Blutmythos geschlagen werden, der mit der Ritualmordlegende und dem blutsaugenden Wucherer verbunden war. Das hat Folgen bis in die Gegenwart: 1991 trieben nie gefasste Täter auf dem Friedhof der Kaiserstuhlgemeinde Ihringen einen über zwei Meter langen Holzpfahl in das Grab des 1934 verstorbenen letzten Vorstandes der dortigen jüdischen Gemeinde. Schon bei einigen Judenpogromen in Rumänien während der Shoa im Zweiten Weltkrieg waren die Leichen der Ermordeten in einer Weise geschändet worden, die an die Maßnahmen gegen Vampire erinnern. Die Toten sollten an ihrer Wiederkehr gehindert werden.

Eine weitere Folge der aufklärerischen Beleuchtungen des «dunklen» Glaubens war die Gegenreaktion: der Okkultismus. Man suchte immer wieder neue unerklärbare Erscheinungen, betonte sie, spielte mit dem Geheimnisvollen. Dazu trug bei, dass eine Anzahl Mediziner zunächst durchaus behauptete, Vampire existierten tatsächlich. Hier bestehen enge Zusammenhänge zur zeitgenössischen Debatte über Magnetismus und Mesmerismus – die Anwendung der Lehre von der Heilkraft magnetischer Kräfte durch den charismatischen Arzt Franz Anton Mesmer (1734–1815) – sowie über Hysterie. Das Irrationale, die Sehnsüchte, Ängste, geheimen Wünsche wirkten weiter. In den siebziger und achtziger Jahren riefen etwa die magischen Praktiken Cagliostros (1743–1795) Bewunderung hervor. Friedrich von Schillers (1759–1805) Romanfragment «Die Geisterseher», 1787 bis 1789 erstmals gedruckt, zeugt davon. Ebenso fühlten sich manche Anhänger der – vor allem pietistischen – Erwecktenbewegung oder verschiedener religiöser Sekten in Kontakt mit Verstorbenen, die ihnen als Geister erschienen. Die Faszination des Okkulten ergriff durchaus Anhänger der Aufklärung, ebenso religiöse Menschen, die in ihrem Glauben, sich mythisch-spirituell mit Gott vereinigen zu können, die Möglichkeit einbezogen, mit Verstorbenen zu verkehren. Auch das hielt Vorstellungen des Vampirismus lebendig.

5. Dracula als Vampir:
Entstehung und Funktion einer neuen Legende

Der Vampir-Mythos in der Literatur

Mit den Funden angeblicher Vampire und der Vampirismus-Diskussion im 18. Jahrhundert war der Boden bereitet, auf dem sich der Vampir-Mythos mit seinen vielfältigen Komponenten verdichtete und zum Gemeingut vieler Menschen wurde. In den Volksmärchen, die jetzt publiziert wurden, finden sich gerade in Osteuropa zahlreiche Spuren von Vampiren, keineswegs nur von blutsaugenden. In Aleksandr N. Afanas'evs (1826–1871) Sammlung russischer Volksmärchen ist beispielsweise «Der Vampir» enthalten: Ein Wiedergänger aus dem Totenreich versucht, in Gestalt eines schönen Jünglings eine Frau zu verführen. Diese entdeckt jedoch seine wahre Identität. Der Vampir tötet daraufhin ihre Eltern und dann sie selbst. Da sie jedoch veranlasst hat, sie nach einem besonderen Ritus, den sie von ihrer Großmutter erfahren hatte, zu bestatten, kann sie sich in eine Blume verwandeln. Nachts wird sie wieder zu einem Mädchen. Ein junger Adliger erlöst und heiratet sie. Doch der Vampir will sie erneut vernichten. Ihr gelingt es aber, ihn mit Hilfe geweihten Wassers zu vertreiben sowie ihren Mann und ihren Sohn, die der Böse bereits getötet hat, wieder zum Leben zu erwecken. Dieses Märchen ist, mit leichten Varianten, auch in Südosteuropa verbreitet. Dort finden sich, etwa in rumänischen, serbischen oder mazedonischen Sammlungen, weitere zahlreiche Vampirgeschichten, desgleichen in der Ukraine und in Galizien. Obwohl in rumänischen Märchen manchmal der Vampir als Teufel, als «dracul», bezeichnet wird, gibt es keine Verbindung zu Vlad Drăculea.

Viele dieser Märchen-Motive flossen im Laufe der Zeit in die schöne Literatur ein. Den Anstoß zu Vampir-Geschichten gab jedoch die Debatte im 18. Jahrhundert über die angeblichen Vampir-Funde. So knüpft etwa 1748 das Gedicht «Der Vampyr» von Heinrich August Ossenfelder (1725–1801), das in Tokaj im Nordosten Ungarns spielt, mit einem Verweis auf die Haiducken deutlich daran an. Unübersehbar steht die sexuelle Gewalt im Zentrum. 1773 veröffentlichte Gottfried August Bürger (1747–1797) seine Ballade «Lenore», in der der verstorbene Geliebte seine Braut in das Totenreich holt. Neben den zeitgenössischen Diskussionen sollen ihn, so vermuten einige Forscher, Gerüchte um vampiristische und okkultistische Praktiken der Fürstin Eleonore von Schwarzenberg (1682–1741) zu seinem Gedicht und vor allem der Namensgebung angeregt haben. Die Ballade beeinflusste wesentlich die Entstehung der unheimlichen «Schauergeschichten» (gothic novel), die im 19. Jahrhundert ein großes Publikum erreichten und immer wieder Motive des Wiedergängers und Vampirs verwendeten. Auch Bram Stoker soll von Bürgers Ballade angeregt worden sein, wie die Verwendung des Verses «Die Toten reisen schnell» im Roman «Dracula» und in der Erzählung «Draculas Gast» andeute; bei Bürger «reiten» die Toten allerdings. Gerade in England fand die Vampir-Diskussion regen Niederschlag in der Literatur.

Teilweise griffen Schriftsteller antike Stoffe auf und verbanden sie mit der neuen Thematik, so Goethe 1797 in seiner bereits erwähnten Ballade «Die Braut von Corinth». Das sexuelle Motiv wird hier ebenfalls stark hervorgehoben: «Aus dem Grabe werd ich ausgetrieben, / Noch zu suchen das vermisste Gut, / Noch den schon verlornen Mann zu lieben / Und zu saugen seines Herzens Blut.» Novalis (1772–1801) dichtete 1797 in seinen religiös-mystischen «Hymnen an die Nacht»: «O! sauge, Geliebter, / Gewaltig mich an, / Dass ich entschlummern / Und lieben kann.» Sucht man nach weiteren Belegstellen für die literarische Verarbeitung des Vampirglaubens, wird man bei fast allen Autoren dieser Zeit fündig. Einen wichtigen Hinweis auf Unterschiede zwischen West- und Osteuropa gibt Jan Potocki (1761–1815) in seinem Roman «Die Abenteuer in der Sierra

Morena oder Die Handschriften von Saragossa», der 1805 erstmals erschien. Mehrfach ist von Vampiren voller dämonischer
Begierden die Rede. Ein Kabbalist erklärt schließlich: «Und die
Vampire sind (…) eine neue Erfindung (…). Ich unterscheide bei
ihnen zwei Arten: die Vampire von Ungarn und Polen – das sind
Leichen, die nachts ihre Gräber verlassen und Menschenblut
saugen – und die Vampire von Spanien – das sind unreine Geister, die den ersten Leichnam beleben, den sie finden, die ihm
allerlei Gestalt verleihen (…).» Deutlich wird hier die Konstruktion des Vampirbildes.

Ein Bezug auf Vlad Drăculea, den walachischen Fürsten, ist
vorerst nicht zu erkennen. Die «Geschichten vom bösen Dracula» waren seit dem 16. Jahrhundert allmählich verschwunden,
das Interesse am blutrünstigen Pfähler zurückgegangen. Hingegen wurde jetzt der Fall einer zweiten Persönlichkeit aufgegriffen, die den Vampir-Mythos beeinflussen sollte: die Vorgänge
um die Gräfin Erzsébet (Elisabeth) Báthory (1560–1614). Diese
stammte aus einem der bedeutendsten ober- und ostungarischen
Adelsgeschlechter; ihr Onkel Stefan Báthory (1533–1586) war
Fürst von Siebenbürgen und später auch König von Polen. Ein
gleichnamiger Vorfahre hatte 1476 Vlad Drăculea mit ungarischen Truppen geholfen, den walachischen Thron wiederzu-
gewinnen. Nach dem Tod ihres Gatten 1604 lebte Elisabeth
Báthory meist allein auf ihrer Burg Čachtice (Csejte) in der
Nordwestslowakei. Nach der Überlieferung hatte sie die Überzeugung gewonnen, dass das Blut junger Mädchen ihre Haut
verjünge und verschönere. Eine solche Vorstellung war zu jener
Zeit keineswegs ungewöhnlich. Sogar Bezüge zu religiösen In-
halten lassen sich herstellen. Aus dem 16. Jahrhundert sind bildliche Darstellungen überliefert, die den gekreuzigten Jesus zeigen, aus dessen Wunden Blut in einen Badezuber oder in einen
Brunnen tropft. Frauen, manchmal auch Männer, baden in diesem Blut, um gereinigt und erlöst zu werden. Im übertragenen
Sinn ist darin auch ein Wunsch nach Verjüngung und Verschö-
nerung zu sehen.

So badete die Gräfin denn im Blut zahlreicher Frauen – gemäß ihrem Tagebuch sollen es 610 gewesen sein –, nachdem sie

sie grauenhaft zu Tode gequält hatte. Zur Strafe wurde sie in ihrer Burg eingemauert und lediglich durch eine Öffnung mit Lebensmitteln versehen, bis sie starb. Auf der Grundlage der vorhandenen Quellen lässt sich nicht klären, ob die Gräfin die ihr zugeschriebenen Taten wirklich begangen hat oder ob die Anklage konstruiert wurde. Innerungarische Machtkämpfe und politische Intrigen spielten auf jeden Fall eine Rolle. Die Gebrüder Jacob und Wilhelm Grimm (1785–1863 bzw. 1786–1859) formten diese Geschichte auf der Grundlage eines Wiener Fliegenden Blattes 1815 zu einer Sage um und verglichen die Methode mit der bildlichen Darstellung eines (angeblichen) Ritualmordes von Juden an einem «Knäblein». Hier deutet sich eine Verknüpfung der Blutsage mit judenfeindlichen Klischees an.

Als Muster schält sich allmählich heraus, Personen, denen grausame, mit Blut verbundene Eigenschaften zugeschrieben werden, als Vampire zu bezeichnen. Häufig sind es, ganz in der antiken Tradition, Frauen. Zu den «geglaubten Vampiren» treten nun die «gemachten Vampire». Anders als im Volksglauben wird das Blutsaugen meistens als die wichtigste Eigenschaft der Vampire hervorgehoben. Der Mythos des Blutes steht für die Dichter im Mittelpunkt, wird mit Elementen des Volksglaubens verknüpft und dient später dann auch als Bindeglied, um Vlad Drăculea Țepeș in einen Vampir zu verwandeln.

Große Wirkung hatte etwa Lord George Gordon Byron (1788–1824). 1813 schrieb er die Verserzählung «Der Giaur» als «Fragment einer türkischen Erzählung». Eine Haremsfrau wird wegen ihrer Liebe zu einem Christen – eben dem Giaur – von einem Türken im Meer ertränkt, der Christ tötet diesen daraufhin aus Rache. Während dem Türken die Seligkeit winkt, wird der Giaur verflucht: „(...) Zuerst, als Vampir umzugehn, / Soll aus der Gruft dein Leib erstehn; / Dann schleichst als Scheusal du ins Haus, / Und saugst das Blut den Deinen aus; / Um Mitternacht entströmt das Blut, / Des Kinds und Weibes Lebensflut.» Zentrale Elemente des gängigen Vampir-Bildes sind damit bereits gestaltet. Darüber hinaus siedelt Byron die Vampire im Osten an, den er noch traditionell im Orient verortet. Auch in dem etwas später entstandenen Fragment einer Erzählung «Der Vampyr» beginnt die Handlung, von der wir leider nicht viel mehr erfahren, mit dem geheimnisvollen Tod und dem ebenso merkwürdigen Begräbnis des Freundes in einer «Todtenstadt» nahe Smyrna (Izmir). Der Osten ist Sitz des Unheimlichen.

1816 traf sich Lord Byron mit anderen englischen Schriftstellern am Genfer See. Nach der Rezitation einer vampirischen Gespensterballade und der Lektüre verschiedener Gespenstergeschichten beschlossen die Anwesenden, selbst derartige Geschichten zu verfassen. Byron versuchte sich am «Vampyr». Mary Wollstonecraft Shelley (1797–1851) schrieb «Frankenstein oder der moderne Prometheus»: Frankenstein erschafft einen künstlichen Menschen, der seiner Kontrolle entgleitet und schließlich seinen Schöpfer tötet. Das Monster trägt vampirhafte Züge: Es ist aus dem Grabe entstiegen, da es aus Leichenteilen zusammengesetzt wurde, es drückt die Sehnsucht nach Unsterblichkeit aus, hat übermenschliche Kräfte, leidet an sich selbst, tötet Menschen und entzieht ihnen auch auf andere Weise ihre Lebenskraft – Frankenstein bezeichnet es als «meinen eigenen Vampir». Doch für das Lesepublikum lag die Faszination des Romans eher in der Spannung zwischen dem technischen Kunstprodukt und seinem Versuch der bewussten Menschwerdung.

Byron selbst kam nicht über das Fragment seiner Vampirerzählung hinaus. Diese beeinflusste jedoch den ebenfalls anwesenden John William Polidori (1795–1821). Kurz darauf schrieb er die Novelle «The Vampyre» nieder, die auch Ideen des Mesmerismus aufnahm und 1819/20 erschien: Lord Ruthven fasziniert die Gesellschaft durch abstoßende Züge, aber auch durch seinen Charme, dem fast niemand widerstehen kann. Er ist die Personifizierung des Bösen und will Elend und Laster in die Welt bringen. Dabei gelingt es ihm, seiner Entlarvung als Vampir immer wieder zu entgehen, ja am Ende triumphieren die Vampire über ihre Gegner. Mehrere Theater- und Opernfassungen, darunter die 1828 uraufgeführte und bis heute gespielte Oper «Der Vampyr» von Heinrich Marschner (1795–1861), beruhen auf diesem Stoff.

1821 veröffentlichte E. T. A. Hoffmann (1776–1822) im Rahmen seiner Erzählungen der Serapionsbrüder die «grässliche Geschichte» einer schönen, leichenfressenden Frau. Im Rahmengespräch gehen die Serapionsbrüder dabei ausführlich und teilweise mit wörtlichen Zitaten auf die Quellen zu den Vampir-Vorfällen im 18. Jahrhundert ein, wiederum verbunden mit Erscheinungen des Magnetismus und des Schlafwandelns. Und in seinem schon 1814/15 entstandenen Roman «Die Elixiere des Teufels», in dem die dunklen Seiten des Menschen eindringlich geschildert werden, sticht der Doppelgänger des Mönchs Medardus – die Hauptperson, dessen Bewusstsein gespalten ist – mit dem Ruf „… ich bin König … ich trinke dein Blut!» auf seine Braut ein. Sie überlebt, aber dann gelingt es ihm doch, sie zu erstechen, so dass «des Blutes Springquell hoch emporspritzte».

Eine Welle von Vampirgeschichten überschwemmte in der folgenden Zeit Europa. Gerade in der phantastischen Literatur wurde die Überschreitung der Grenzen zwischen Leben und Tod, Bewusstem und Unbewusstem, Traum und Wirklichkeit, Alltäglichem und Unheimlichem, Mensch und Tier thematisiert. Aus der Fülle dieser Vampir-Literatur sollen hier nur einige Beispiele vorgestellt werden. Adam Mickiewicz (1798–1855) schuf sein bedeutendes Drama «Dziady» («Ahnenfeier») zwischen 1823 und 1832. Der Vampir selbst tritt zunächst als unglücklich Liebender und als Held im Sinne Byrons, später als Racheengel und Erlöser auf. Er will die Nation in eine Gemeinschaft von Vampiren verwandeln, die das «Herzblut» «unsres Feindes» trinken. Weil dadurch der Feind ebenfalls zum Vampir wird, muss sein in Stücke geschlagener Leib unschädlich gemacht werden: «Nageln fest die Arme, Beine, jedes Teil, / Dass es nicht kann auferstehen als Vampir». Damit steht Mickiewicz der im Volksglauben verankerten Vorstellung nahe. In der Schlüsselszene des Dramas fordert der Vampir-Held Gott selbst heraus. Er sei unsterblich, und anders als Gott liebe er seine Heimat und sein Volk. Ein frommer Pater rettet den Helden aus den Fängen der bösen Geister. Aus dieser Geschichte entwickelt sich die martyrologisch-messianistische Idee von Polen als Chris-

tus der Völker: Die Befreiung und Erlösung Polens werde die
Erlösung aller Völker nach sich ziehen.

In Nikolaj V. Gogol's (1809–1852) Erzählung «Der Vij» von
1835 will die schöne Tochter eines Kosakenanführers, die zugleich eine Hexe und eine Vampirin ist, die Liebe eines ukrai-
nischen Studenten erringen, der sie jedoch tötet. Als Wiedergängerin aus ihrem Sarg gelingt es ihr mit Hilfe des Vijs, des
Erdgeistes, auch den Studenten zu töten und damit in ihr Reich
zu holen. Gogol' verknüpft in dieser Erzählung phantastische
Elemente mit der volkstümlichen Überlieferung, dem Glauben
der Menschen an Geister, Hexen und Vampire. Aleksej K. Tol-
stojs (1817–1875) Geschichte «Die Familie des Vampirs», die
1839 entstand, geht auf ein Erlebnis in Serbien 1759 – also auf
dem Höhepunkt der Vampir-Entdeckungen in Osteuropa – zurück. Ein Vampir, hier «Vurdulak» genannt, warnt seine Verwandten, dass er ihr Blut saugen werde und sie dadurch selbst
zu Vampiren würden. In Bosnien und Ungarn seien schon ganze Dörfer infiziert. Der Erzähler selbst kann dann dem Blutdurst der Familie nur mit Mühe entkommen. 1841 erschien
die Erzählung «Der Vampir», in der Tolstoj dadurch Spannung erzeugt, dass das Vertraute zum Gefährlichen wird und
die Wirklichkeit rätselhafter ist als der menschliche Verstand
begreifen kann. Ivan S. Turgenev (1818–1883) nannte seine
Erzählung «Gespenster» von 1863 «eine Phantasie». Traum
und Wirklichkeit verflechten sich in ihr. Der Ich-Erzähler wird
von einem weiblichen Gespenst auf Flüge über weite Land-
schaften und über viele Städte mitgenommen. Historische Ereignisse vollziehen sich noch einmal vor seinen Augen, und in
seinen Seelenregungen spiegelt sich das Schwanken zwischen
Ost und West, das Nachdenken über die Zukunft Russlands.
Der Herr der Gespenster bringt schließlich der Frau den Tod.
Zuvor küsst sie noch den Erzähler mit «blutdünstenden Lippen», und er beginnt – da sie eine Vampirin war – an Blutarmut zu leiden.

Oft werden die Vampire mit zentralen politischen und geis-
tigen Auseinandersetzungen der Zeit verbunden – in Polen mit
der messianischen Wiedererstehung der Nation, in Russland

etwa mit der Diskussion zwischen Slawophilen und Westlern
über die grundsätzliche Zukunftsorientierung oder mit der Befreiung der Bauern von den ausbeuterischen Gutsbesitzern.
Nicht zuletzt spiegeln sich in den Werken Vorstellungen und
«Bilder» von West- und Osteuropa. Immer wieder beziehen sich
die osteuropäischen Schriftsteller auf Elemente des Volksglaubens in den Lebenswelten der Menschen. Interessanterweise
steht das Blutsaugen weniger im Zentrum als in der westeuro-
päischen Literatur. An Vlad Drăculea Țepeș knüpft keiner der
osteuropäischen Autoren an.

Auch in Frankreich war die Wirkung der Vampir-Diskussion
zu spüren. 1827 veröffentlichte Prosper Mérimée (1803–1870)
«La Guzla ou Choix de Poésies Illyriques», eine Dichtung, die
scheinbar auf südosteuropäische Volksmärchen zurückgeht,
hingegen deutlich auf die angeblichen Vampir-Funde des
18. Jahrhunderts hinweist. Aleksandr S. Puškin (1799–1837)
wurde dadurch zu zwei Vampir-Gedichten angeregt. Ein weiteres Beispiel findet sich in Théophile Gautiers (1811–1872)
Geschichte «La morte amoureuse» von 1836, die vor allem den
sexuellen Zusammenhang anspricht. Clarimonde, die Geliebte
eines jungen Priesters, kehrt nach ihrem Tod als Untote zurück,
um bei ihm zu bleiben und um sein Blut zu trinken – allerdings
nur so viel, dass er nicht getötet wird. Ein fanatischer Priester
beendet diese leidenschaftliche Liebe, indem er den Leichnam
Clarimondes ausgräbt und durch Weihwasser zerstört. In seinen
Gautier gewidmeten «Blumen des Bösen» nutzt Charles Baudelaire (1821–1867) ebenfalls diese Motivik von Liebe, Leiden-
schaft und Tod, zwei Gedichte sprechen sie unmittelbar an:
«Der Vampir» von 1861 und «Die Metamorphosen des Vampirs» von 1866.

Einen Höhepunkt in der literarischen Entwicklung, den Vampir als blutsaugenden Untoten mit Elementen des Volksglaubens zu verbinden und damit zugleich «verbotene» Sehnsüchte
auszudrücken, bildet Sheridan Le Fanus (1814–1873) Geschichte «Carmilla», die erstmals 1871 erschienen ist. Zu seinem Werk soll er durch die Geschichte der Gräfin Báthory angeregt worden sein, ebenso durch vampiristische Legenden, die

sich um Barbara von Cilli rankten, der aus einer slowenisch-ungarischen Familie stammenden Ehefrau Kaiser Sigismunds. So hat es noch in den 1930er Jahren in Nordkroatien Gerüchte gegeben, sie verlasse nachts ihre Gruft, um Menschen das Blut auszusaugen. Hintergrund dürften Verdächtigungen gerade katholischer Kreise gewesen sein, die ihr nicht verziehen, dass sie zeitweise die böhmischen Hussiten unterstützt hatte: Sie habe sexuelle Orgien mit jungen Frauen gefeiert und beim Abendmahl statt Wein menschliches Blut getrunken. Aufgrund all dieser Beschuldigungen entstand das Bild, sie sei eine lesbische Vampirin. Ein Hinweis, dass dies Le Fanus Phantasie bewegt haben könnte, ist darin zu sehen, dass das Schloss der Ahnen von Cillis in der Steiermark liegt, wo die Erzählung spielt, und dass die Hauptperson ihre Herkunft aus dem ungarischen Adel ableitet.

Im Mittelpunkt der Erzählung steht die Freundschaft zwischen zwei jungen Frauen, die mehr und mehr zu einer leidenschaftlichen Liebe wird. Nach verschiedenen Geschehnissen stellt sich jedoch heraus, dass Carmilla, eine der beiden Frauen, eine Vampirin ist, die immer wieder Mädchen in der Umgebung anfällt und auch ihre Freundin beißt. Diese kann gerettet werden, indem der Vampirin im Grab ein spitzer Pfahl durch das Herz getrieben, ihr Kopf abgeschlagen und der Leichnam verbrannt wird. Die Geschichte zeigt, dass Le Fanu die Vampir-Literatur kannte. Die Untote stammt aus einer ungarischen Familie, die Wurzel des Vampirismus ist also in Osteuropa angesiedelt, so wie auch das Vorkommen des Vampirismus für verschiedene dortige Gebiete bezeugt wird. Anspielungen auf die Untersuchungen der Vampir-Funde im 18. Jahrhundert sind mehrfach zu finden, ebenso auf die dort zutage getretenen Formen des Volksglaubens, wie Vampire zu erkennen und zu vernichten sind. Selbst Hinweise auf die Vorstellung, Vampire könnten sich in Schmetterlinge verwandeln, und auf den Naturforscher Buffon tauchen auf. Deutlich wird die Notwendigkeit für Vampire, frisches Blut zu erhalten, um ihre Doppelexistenz zu führen. Erstaunlich und neu ist jedoch, dass Carmilla als ein Wesen erscheint, das sich nach Liebe sehnt und keineswegs böse gezeichnet wird. Die Leserschaft soll Erbarmen empfinden, nicht Abscheu.

In anderer Form greift Emile Zola (1840–1902) in seinem 1867 erschienenen Roman «Thérèse Raquin» auf die Vampir-Tradition zurück. Als Laurent, um seine Geliebte Thérèse für immer ungestört zu besitzen, deren Ehemann während einer Bootsfahrt ins Wasser stößt, beißt sich dieser in Laurents Hals fest und reißt ihm im Sturz ein Stück Haut aus. Später, wenn sich Laurent aus irgendeinem Grund erregt, pulsiert das Blut in der Narbe und erinnert ihn an seine Schandtat. Der Tote ist «noch nicht tot genug». Er erscheint seinem Mörder immer wieder. Nach und nach entzieht der Tote, durch die nagende Erinnerung, Laurent zunächst sein Begehren nach Thérèse, dann auch seine ganze Energie, bis dieser schließlich mit seiner Frau den Tod sucht. Sie trinken Gift, fallen aufeinander und finden so «endlich den Trost im Tod. Der Mund der jungen Frau war am Hals ihres Mannes auf die Narbe gestoßen (…).» Zola hat eine besondere Form der Übertragung des Vampir-Motivs vorgenommen: Die Erinnerung an das Böse, symbolisiert durch die nicht heilende Narbe des Bisses, nagt im Innern des Schuldigen wie ein Tier und saugt ihm die Lebenskraft aus.

Nur am Rande sei bemerkt, dass sich die Vampir-Diskussion auch in der Malerei niederschlug. Zu nennen sind etwa Werke Johann Heinrich Füsslis (1741–1825) – besonders der «Nachtmahr», dessen erste Version 1781 entstand – oder William Blakes (1757–1827) Darstellungen von Geistern und Höllenerscheinungen, so der «Geist eines Flohs» von 1819/20. Edvard Munch (1863–1944) malte wahrscheinlich ab 1893 mehrere Fassungen eines Gemäldes, auf dem eine Frau den Nacken eines Mannes küsst und dem er den Titel «Liebe und Schmerz» gab. Während einer Diskussion im Freundeskreis kam die Bezeichnung «Vampir» für dieses Gemälde auf, die Munch dann übernahm und die sich festgesetzt hat. Man kann den Biss in den Hals hineininterpretieren, zumal das Bild die Nähe von Liebe, Leben und Tod ausdrückt. Auch in anderen Arbeiten beschäftigte sich Munch mit diesem Thema. Alfred Kubin (1877–1959) beschwor in manchen seiner Werke die phantastische Welt des Irrealen und Unbewussten, in der auch Vampire ihren Platz hatten.

Bram Stokers «Dracula»

Die Zusammenführung verschiedener Linien des Vampir-Motivs und ihre Konzentrierung auf den historischen Vlad Drăculea geschah dann mit dem bis heute berühmtesten Vampir-Roman: Bram Stokers (1847–1912) «Dracula» von 1897. Dieser soll etwas ausführlicher vorgestellt werden.

Jonathan Harker ist nach Tanssylvanien gesandt worden, um dort im Auftrag eines Immobilienhändlers mit Graf Dracula über den Kauf eines Hauses in London zu verhandeln. Über Bistritz und den Borgo-Pass erreicht er unter angsteinflößenden Umständen mitten in der Nacht das Schloss des Grafen. Dieser empfängt ihn völlig schwarz gekleidet, «glatt rasiert bis auf einen langen weißen Schnurrbart». «Sein Gesicht war ziemlich – eigentlich sogar sehr – raubvogelartig; ein schmaler, scharf gebogener Nasenrücken und auffallend geformte Nüstern. Die Stirn war hoch und gewölbt, das Haar an den Schläfen dünn, im übrigen aber voll. Die Augenbrauen waren dicht, wuchsen über der Nase fast zusammen und waren sehr buschig und in merkwürdiger Weise gekräuselt. Sein Mund, so weit ich ihn unter dem starken Schnurrbart sehen konnte, sah hart und ziemlich grausam aus; die Zähne waren scharf und weiß und ragten über die Lippen vor, deren auffallende Röte eine erstaunliche Lebenskraft für einen Mann in seinen Jahren bekundete. Die Ohren waren farblos und oben ungewöhnlich spitz, das Kinn breit und fest, die Wangen schmal, aber noch straff. Der allgemeine Eindruck war der einer außerordentlichen Blässe.» Seine Hände sahen «breit» aus, «mit eckigen Fingern. Seltsamerweise wuchsen ihm Haare auf der Handfläche. Die Nägel waren lang und dünn, zu nadelscharfen Spitzen geschnitten.»

Nach und nach erfährt er einiges aus der Geschichte von Draculas Geschlecht, das zu den Szeklern gehöre und sich in den Türkenkriegen verdient gemacht habe. Aber er entdeckt auch, dass Dracula keinen Schatten hat und sich nachts in einen fledermausartigen Vampir verwandelt. Tagsüber liegt er

DRACULA

6d.

ET

BRAM

STOKER

6d.

WESTMINSTER
Archibald Constable & Co Ltd
2 WHITEHALL GARDENS

Schutzumschlag einer Ausgabe von
Bram Stokers «Dracula», 1901
(Raymond T. McNally, Radu Florescu:
Auf Draculas Spuren. Die Geschichte des
Fürsten und der Vampire. Berlin usw. 1996,
zwischen S. 152 und 153)

im Sarg. Drei weibliche Vampire, nach denen Harker «ein wildes, brennendes Begehren» erfüllt, wollen sein Blut saugen, doch der Graf reißt sie zurück, weil er ihn zuerst für sich haben will, und übergibt ihnen dafür ein geraubtes Kleinkind. Als Dracula merkt, dass Harker ihn durchschaut hat, sperrt er ihn ein und reist mit einem russischen Schoner namens «Demeter», der im bulgarischen Varna am Schwarzen Meer stationiert ist, nach Whitby in England.

Das Schiff läuft im Hafen auf einer Sandbank auf, ein Hund springt an Land. An Bord befindet sich kein Seemann mehr bis auf den toten Steuermann, der sich am Steuerrad festgebunden hatte. Als Ladung hat das Schiff zahlreiche Särge, die mit Erde gefüllt sind. Dracula wird sie später in London an verschiedenen Orten aufstellen, um sich tagsüber darin zu verstecken. Sein erstes Opfer ist Lucy Westenraa, ein junges Mädchen, das mit Mina Murray, Harkers Verlobten, befreundet ist. Lucys Charakter beginnt sich zu verändern. Sie wirkt so, als sei sie zwei Personen. Dr. Seward, ein Psychiater, der in Lucy verliebt war, bevor sie sich mit Arthur, einem Adligen, verlobt hat, konsultiert einen Fachmann, Dr. Abraham Van Helsing. Dieser erkennt, dass ein Vampir am Werk ist. Trotz aller Bemühungen – darunter Bluttransfusionen – kann Lucy nicht vor Dracula gerettet werden. Sie wird eine Untote und selbst zum Vampir.

Kinder in der Umgebung Londons werden von ihr angefallen, damit sie deren Blut saugen kann. Van Helsing überzeugt ihre Freunde, auch Arthur, dass Abhilfe nur möglich sei, wenn ein Pfahl durch ihr Herz gebohrt und sie geköpft werde. Nach vollzogener Tat erlangt Lucy im Tod wieder ihre Schönheit und Reinheit.

Inzwischen ist Jonathan Harker aus Draculas Schloss entflohen und hat Mina geheiratet. Dracula hat sie als weiteres Opfer auserkoren. Obwohl sie teilweise seiner Macht erliegt, versucht sie doch noch, Widerstand zu leisten. Aber es gelingt Dracula, ihr in die Kehle zu beißen und ihr Blut zu saugen. Dann muss sie sein Blut trinken. Mina beginnt sich zu verändern. Um sie entbrennt nun ein Kampf zwischen Dracula und Harker, Van Helsing sowie deren Freunden. Schließlich kann Mina gerettet werden. Ein wichtiges Hilfsmittel in diesem Kampf stellt die Hypnose dar, die Van Helsing durchführt (und im Übrigen auch Dracula einsetzt). Dracula flüchtet mit dem Segelschiff «Czarina Catharina» («Zarin Katharina») zurück nach Siebenbürgen. Nach einer dramatischen Verfolgungsjagd können die Vampirjäger Dracula in Blickweite seines Schlosses einholen, als er verwundbar während des Tages unbeweglich in seinem Sarg liegt. An ihm wird wiederum das Tötungsritual für einen Vampir vollzogen: Harker schneidet ihm die Kehle durch, und ein Freund stößt sein Messer in Draculas Herz. Er zerfällt zu Staub. «Ich werde mein ganzes Leben lang mit Freude daran denken, wie im Augenblick der endlichen Auflösung ein Schimmer von Glück über des Grafen Antlitz huschte (…).»

Die Hauptperson und die ganze Erzählung sind vielfältig und oft sehr spekulativ gedeutet worden – als Ausdruck der Homosexualität im privaten Umfeld des Autors, als Widerspiegelung von Elementen einer Borderline-Existenz, aber auch als Gegenfigur Christi, als verschlüsselte Darstellung des Messias oder des «ewigen Juden». Religion und «Aberglaube», Christentum und Vampirismus würden miteinander verbunden. Bei dieser Interpretation wird darauf verwiesen, dass zentrale christliche Glaubensinhalte – etwa das Abendmahl, die Auferstehung und die

Hoffnung auf das ewige Leben – eine Entsprechung in vampiristischen Elementen haben, die auch Stoker verwendet. Deutlich ist bei ihm der Bezug zu damaligen Vorstellungen von Sexualität und Geschlechterrollen. Dracula und seine Vampire stellen sie in Frage. Die Männer müssen sich zusammenschließen, um diesen Angriff abzuwehren.

In Stokers Roman sind «Zigeuner» Dracula dienlich. Mit ihrer Darstellung verfestigt Stoker Vorstellungen, wie sie in der Gesellschaft vorhanden sind. Ebenso nutzt er bewusst oder unbewusst «Bilder» von Juden, namentlich von Ostjuden, um die Grusel- und Angststimmung zu verstärken, die seine Geschichte hervorrufen soll. Um die Jahrhundertwende gelangte ein starker Zustrom von ostjüdischen Einwanderern nach London. Bei den Diskussionen über mögliche Beschränkungen dieser Immigration wurden verbreitete Ängste in der einheimischen Bevölkerung sichtbar, die mit antijüdischen Klischees verbunden waren. Mögliche Anknüpfungspunkte für eine derartige Interpretation von Stokers Roman sind etwa die Beschreibungen von Draculas Körper, insbesondere seiner «Adlernase» mit dem «schmalen, scharf gebogenen Nasenrücken und auffallend geformten Nüstern». Auch könnten Draculas Gier und sein Reichtum auf ein jüdisches Stereotyp hindeuten. Die Vermutung, Bram Stoker habe mit seinem Buch judenfeindliche Bilder ansprechen wollen, gewinnt dadurch an Wahrscheinlichkeit, dass er einen der Helfer Draculas bei seiner Rückfahrt aus England, Immanuel Hildesheim, als «einen Juden, wie man ihn auf der Bühne sieht, mit einer großen, krummen Nase und einem Fez», vorstellt, der sich als ausgesprochen geldgierig erweist. Ebenso verwendet Stoker in einigen seiner Erzählungen – so in «Der Doppelgänger» und «Am Watter's Mou'» – deutlich antisemitische Klischees.

Allerdings sollten wir vorsichtig mit derartigen Deutungen sein. Die Beschreibung von Draculas Nase und Gesicht erinnert ebenso an die bereits zitierte Schilderung, die der päpstliche Gesandte am Hofe des ungarischen Königs, Nicolaus Machinensis, von Vlad Drăculea gab, oder auch an dessen weit verbreitete Porträts. Dennoch: wenn Stoker möglicherweise Assoziationen an Ostjudenbilder hervorruft, leitet dies über zu der wichtigen Frage, warum er die Geschichte des Vampirs in Osteuropa, in Siebenbürgen ansiedelt und dabei erstmals die geschichtlich belegte Person Draculas einführt, ihn allerdings geographisch und historisch nicht ganz korrekt zuordnet und als blutsaugenden Untoten vorstellt.

Jules Verne veröffentlichte fast zeitgleich den Roman «Das Karpatenschloss», der ebenfalls in Siebenbürgen spielt und in dem Vampire vorkommen. Hier werden sie als Restbestände des Volksglaubens geschildert. Die den Vampiren zunächst zugeschriebenen Schandtaten üben aber tatsächlich ein Adliger und sein Helfer aus, die zwar in einem verrufenen Schloss wohnen, jedoch mit Hilfe der damals neuesten Technik, der Elektrizität, die Bevölkerung erschrecken. Bei Stoker sind es die englischen Vampirjäger, die die moderne Technik und wissenschaftliche Erkenntnisse nutzen, allerdings auch den «Aberglauben» zu Hilfe nehmen. Der Volksglaube an die Vampire wird als Realität hingestellt. Er wird nicht wie bei Verne durch Verbrecher manipuliert, Vampire gibt es wirklich, und ihr Ursprung liegt in Osteuropa, das der Inbegriff der Rückständigkeit und Unbildung, ja der Unkultur ist. England hingegen erscheint als Ort der Aufklärung und Gelehrsamkeit. Was also hat Stoker zu dieser Zuschreibung, zu diesem Rückgriff auf Klischees veranlasst, und was hat dies vielleicht mit der Wirkung des Romans zu tun?

Bram Stoker hatte sich intensiv mit dem Vampir-Mythos befasst. Er kannte vermutlich das 1865 erschienene «The Book of Werewolves» des anglikanischen Priesters und Okkultisten Sabine Baring-Gould (1834–1924) oder vielleicht sogar Leopold von Sacher-Masochs (1836–1895) 1874 veröffentlichte Erzählung «Ewige Jugend», in denen von den Taten der Gräfin Báthory berichtet wird. Immer wieder ist behauptet worden, Bram Stoker habe die entscheidenden Anregungen für seinen Roman von Sheridan Le Fanus «Carmilla» empfangen. Allerdings folgt Stoker nicht der positiven Zeichnung der Vampirin und des Liebesverhältnisses zwischen den beiden Frauen. Auch personifiziert Dracula das Böse, den Abscheu und das Grauen. Ihm geht es nicht in erster Linie um Liebe, sondern um Macht und Überleben.

Aber es gibt doch einige Hinweise für die Vorbildwirkung Le Fanus. Dafür sprechen ähnliche Beschreibungen, wie Vampire existieren, wie sie sich fortpflanzen und wie sie vernichtet werden können. Die Figur des Vampirjägers, der den Leichnam der Untoten aufspürt, greift Stoker mit Van Helsing auf. Ein deutlicher Fingerzeig auf Le Fanu findet sich in seiner Erzählung «Draculas Gast», ursprünglich eine Vorstudie zu seinem Roman. Die Handlung spielt in der Nähe von München. Der Erzähler sieht in der Walpurgisnacht auf dem Friedhof eines früheren Dorfes, in dem angeblich Vampire in den Gräbern gefunden wurden, die Gruft einer «Gräfin Dolingen von Gratz in Steiermark». Durch das Grabmal «war ein mächtiger eiserner Stab oder Pfahl direkt durch den soliden Stein hindurchgetrieben worden». Später sieht der Erzähler während eines Blitzes die Frau «mit runden Wangen und roten Lippen wie schlafend auf einer Bahre liegen». Kurz darauf stirbt sie in den Flammen. Auf den Erzähler legt sich ein Wolf und leckt ihm den Hals, beißt aber nicht zu, jedenfalls nicht, bis der Erzähler von einer Suchmannschaft gerettet wird, die durch ein Telegramm Draculas aus Bistritz in Siebenbürgen alarmiert worden war. Der Bezug zu Transsylvanien war demnach schon gegeben. Offenbar sollte Stokers geplanter Schauerroman aber ursprünglich in der Steiermark spielen oder zumindest dort beginnen – wie «Carmilla».

Doch 1890 las Stoker ein Buch über die Fürstentümer Walachei und Moldau, in dem der Woiwode Dracula – der Name bedeute Teufel, hieß es dort – und sein Kampf gegen die Türken erwähnt wurden. Möglicherweise entschied er sich daraufhin, seine Hauptperson nach ihm zu benennen. Etwa zur gleichen Zeit lernte Stoker den ungarischen Orientalisten Ármin Vámbéry (ca. 1832–1913) kennen, einen der bedeutendsten, aber auch umstrittensten Gelehrten der Zeit. Für seine Bemühungen, eine Verwandtschaft der türkischen mit der ungarischen Sprache nachzuweisen, hatte er sich intensiv mit der Geschichte Ungarns, des Osmanischen Reiches und dessen Beziehungen zu den rumänischen Fürstentümern, zu Siebenbürgen und zu Ungarn beschäftigt. Stoker, der Vámbéry mehrfach getroffen hat, erfuhr vielleicht von ihm Genaueres über den walachischen Woiwoden, aber auch über die Vorfälle im Habsburger Reich während des 18. Jahrhunderts. Im Britischen Museum konnte er dann selbst die publizierten Berichte, die im Zusammenhang mit der von Maria Theresia angeordneten Untersuchung entstanden waren, lesen und sich weiter über Transsylvanien und die historischen Zusammenhänge informieren. Mit letzter Sicherheit lässt sich dies nicht nachweisen. Stoker erwähnt zwar seine Treffen mit Vámbéry, nicht aber einschlägige Gesprächsinhalte. Und in Vámbérys Autobiographie taucht Stoker nicht auf. Die Vermutungen gründen auf Hinweise nicht zuletzt im Roman selbst. So bezieht sich der Wissenschaftler Van Helsing – der wie Stoker selbst mit Vornamen Abraham heißt – auf seinen «Freund Arminius von der Universität Budapest».

Wie dem auch sei: Stoker kannte nicht nur, zumindest umrisshaft, die Geschichte Vlad Drăculeas, sondern auch die Vampir-Diskussion. In seinem Roman werden verschiedene regionale Bezeichnungen für Vampire und Werwölfe genannt. Der Vampir kann seine Gestalt ändern, er kann im Nebel erscheinen, den er selbst schafft, er verwandelt sich in einen Hund oder in einen Wolf und besonders gern in eine Fledermaus. Dabei lässt Stoker die Geschichte der Entdeckung der in Südamerika lebenden Vampyr-Fledermaus erzählen, aber auch deutlich werden, dass ursprünglich der Schmetterling das Seelentier war.

Stoker verknüpfte die verschiedenen Linien der historischen Schreckenspersonen und des Volksglaubens und griff dazu einen Strang auf, der in der Aufklärung zum Ausdruck gekommen war: die Konstruktion Osteuropas als rückständig und ungebildet. In der Reiseliteratur auch des 19. Jahrhunderts wurden die Rumänen vielfach als grausam, rachsüchtig, träge, diebisch und hinterlistig beschrieben, manchmal aber auch als gutmütig-rückständig – eine Eigenschaft, die unter bestimmten Umständen ins Grausame umschlage. Stoker selbst stützte sich, wie das erste Kapitel seines Romans vermuten lässt, auf Reisebeschreibungen und Zeitungsartikel, in denen Transsylvanien – also Siebenbürgen – als letzter Stützpunkt des Aberglaubens bezeichnet wird. Die wilde Karpatenlandschaft mit ihren undurchdringlichen Wäldern förderte diese Auffassung. Der Wald ist in Mythen, Märchen und Volksglauben oft ein magischer Ort. Wer ihn betritt, verlässt den Raum des Bekannten, überschreitet eine Grenze. Hier beginnt die Herrschaft anderer Mächte.

All diese Eigenschaften und Zuschreibungen verbanden sich mit dem weit verbreiteten Osteuropabild. Nur hier konnte der besonders blutrünstige Vampir leben und seine Herrschaftsansprüche bis nach England ausdehnen. Nicht zufällig benutzt Dracula in Stokers Roman russische Schiffe bei seinen Reisen nach und von England. Osteuropa wird als Bedrohung wahrgenommen. Doch das Zentrum aufgeklärten Wissens, das Zentrum des Westens, widersteht diesem Angriff. Die Reinhaltung des Blutes dient auch dem britischen Imperialismus. Zugleich können alle negativen Entwicklungen in England auf das rückständige Transsylvanien projiziert werden. In seinem 1909 erschienenen Roman «The Lady of the Shroud» vertiefte Stoker sein Bild vom Balkan und konstruierte eine zukünftige Föderation der Balkan-Staaten unter britischer Führung.

Da die Platzierung des Vampirfürsten nach Siebenbürgen dem Osteuropabild vieler Menschen entgegenkam, wirkte sie glaubhaft und unterstützte den Gruseleffekt. Bis heute bleibt die Wirkung einer Verbindung mit dem «düsteren Osteuropa» ungebrochen. Mit Bram Stokers «Dracula» war das moderne Vampir-Bild geboren. Unzählige belletristische Werke bauten darauf auf oder nutzten es, um bestimmte Assoziationen zu erzeugen.

Der literarische Dracula- und Vampir-Mythos
seit Bram Stoker

Die Wirkung dieses Vampirbildes verbreitete sich nicht zuletzt dadurch, dass Stokers Roman rasch in zahlreiche Sprachen übersetzt wurde. Eine russische Übersetzung erschien beispielsweise bereits 1902 und hatte eine Anzahl Dracula-Geschichten

zur Folge. Besondere literarische Bedeutung gewann die neu ge-
staltete Vampir-Figur im Werk Aleksandr A. Bloks (1880–
1921). Er verband Dracula mit Einflüssen des russischen Volksglaubens und der romantischen Literatur. Insbesondere verwendete er das Vampir-Motiv, um auf reaktionäre politische
Strömungen aufmerksam zu machen und eine dämonische
Sexualität darzustellen. Der polnische Schriftsteller und Lite-
raturnobelpreisträger Władysław Reymont (1867–1925) schilderte in seinem 1911 erschienenen Roman «Der Vampir» eine
düstere phantastische Geschichte, in der das Grauen durch spi-
ritistische Sitzungen und okkultistische Praktiken Einzug hält.
Träume saugen wie Vampire den Menschen die Kraft und das
Bewusstsein aus. Im Roman verführt eine dämonische Frau, die
mit dem Teufel in Verbindung steht, die männliche Hauptfigur.
Diese gibt sich dem Bösen bewusst hin, um von den Belastungen
des irdischen Daseins erlöst zu werden. Das Werk spiegelt Rey-
monts Kritik am Zustand der Zivilisation. Der studierte Natur-
wissenschaftler und Priester Pavel A. Florenskij (1882–1937)
variierte in seiner als autobiographisches Erlebnis berichteten
Erzählung «Der Vampyr» von 1916 das Thema, indem ein
kranker Mitstudent den Erzähler dazu bringt, sich intensiv um
ihn zu kümmern. Während der Mitstudent aufblüht, fühlt sich
der Erzähler zunehmend «ausgeleert». Gerade noch rechtzeitig
erkennt er die Gefahr und beendet die Beziehung. Interessant ist
der Einsatz der Hypnose als Heilmittel. Hierin könnte, wie bei
Stoker, ein Rückgriff auf die okkulten Praktiken seit Ende des
18. Jahrhunderts – namentlich des Mesmerismus – und zugleich
ein Hinweis auf die neuen Hypnose-Techniken in der frühen
Psychoanalyse und die Entdeckung des Unbewussten zu sehen
sein.

Einen anderen Ansatz griff Aleksandr A. Malinovskij, der
sich dann Bogdanov nannte (1873–1928), auf. Als ein führen-
der Theoretiker der russischen Sozialdemokratie, der zeitweise
in einen heftigen Konflikt mit Lenin verstrickt war, wollte er
dazu beitragen, dass sich die Menschen immer weiter vervoll-
kommneten und dabei ihre Lebenskraft steigerten. Als eine
Möglichkeit, die Lebensdauer und die Vitalität des Menschen

entscheidend zu verlängern und zugleich gemeinschaftsbildend zu wirken, betrachtete er die Bluttransfusion. 1926 gründete er ein entsprechendes Institut, in dem er selbst als Arzt wirkte und zwei Jahre später an den Folgen eines Selbstversuchs starb. Schon 1908 hatte er jedoch einen utopischen Roman vorgelegt, in dem die Bluttransfusion eine große Bedeutung einnahm: «Der rote Stern» (auch: «Der rote Planet»). In der Fortsetzung, «Ingenieur Menni», die 1912 erschien, wird eine Theorie des Vampirismus entwickelt, und es tritt sogar ein Vampir auf. Dieser symbolisiert die «lebenden Leichname», Menschen, die in der Vergangenheit steckengeblieben sind, sich dem Leben in den Weg stellen und anderen die Kraft aussaugen. In der Beschreibung des Vampirs und seiner Eigenschaften lassen sich deutliche Bezüge zu Stokers «Dracula» nachweisen.

Marina I. Cvetaeva (1892–1941) verarbeitete 1922 das früher erwähnte russische Volksmärchen «Der Vampir» in ihrem langen Märchenpoem «Der kühne Jüngling» («Mólodec»). Im Unterschied zur Vorlage vereinigt sich am Schluss des Gedichtes die junge Frau mit dem Vampir in einem Feuerfluss. Michail A. Bulgakov (1891–1940) spielt in seinem 1940 vollendeten, aber erst 1973 vollständig publizierten Roman «Der Meister und Margarita» ebenfalls mit vampirischen Motiven. Margarita badet in Blut, um ihren Körper zu kräftigen, und zusammen mit Voland, dem Teufel, trinkt sie auch Blut, das zu Wein wird – eine Umkehrung der Wandlung beim Abendmahl.

Im Blutwahn völkischer Phantasien nach dem Ersten Weltkrieg mündete Hanns Heinz Ewers' (1871–1943) Werk «Vampir. Ein verwilderter Roman in Fetzen und Farben» von 1921. Darin geht der Autor von den Erfahrungen des Krieges aus und lässt den vampirischen Blutdurst seiner Hauptperson in der Utopie eines wiedererstandenen, triumphierenden Deutschland aufgehen: «Schwerttag, Kriegstag, Bluttag!» Nicht zufällig stand Ewers zeitweise dem Nationalsozialismus nahe. Hier erlebte die Ideologie von der «Reinheit deutschen Blutes» und der Vernichtung «fremden Blutes» ihren Höhepunkt.

Neben einer Weiterführung der eher traditionellen Vampir-Thematik – wie in Luigi Capuanas (1839–1915) «Il Vampiro» von 1907 oder Mircea Eliades schon erwähntem Roman «Fräulein Christine» von 1935 – wurde zunehmend mit der Dracula- und Vampir-Thematik experimentiert. 1956 nahm sie Ingeborg Bachmann (1926–1973) in ihrem Gedicht «Heimweg» auf: «Der Vampir im Rücken / übt den Kinderschritt, / und ich hör ihn atmen, / wenn er kreuzweis tritt. (…)» Man kann den Vampir als sexuellen Gewalttäter interpretieren oder auch als ein namenloses Übel. Hans Carl Artmann (1921–2000) spielte in einem 1966 veröffentlichten Versuch «Drakula Drakula. Ein transsylvanisches Abenteuer» mit den einschlägigen Motiven, wie sie sich nicht zuletzt in Filmen niedergeschlagen hatten. Ähnlich parodistisch setzte sich Herbert Rosendorfer (*1934) in seiner Geschichte «Der Bettler vor dem Café Hippodrom» von 1970 mit der Tradition auseinander: Graf Dracula erscheint als arbeitsloser rumänischer Zuwanderer in Deutschland. In Adolf Muschgs (*1934) «Erziehungsroman eines Vampirs» von 1984 «Das Licht und der Schlüssel» werden Frauen durch ihr Blutopfer keineswegs schwächer, sie leben stattdessen auf, weil sie endlich gebraucht werden. Elfriede Jelinek (*1946) veröffentlichte 1986 ihr Drama «Krankheit oder moderne Frauen», in dem blutsaugende Gattinnen, die Autonomie und Macht erlangen wollen, am Ende von den Männern hingerichtet werden.

Schon zuvor, seit den 1930er Jahren, hatten die Vampire die Science-Fiction-Literatur erobert. In ihr verbreitete sich beispielsweise der Vampirismus als ansteckender Virus, der die gesamte Menschheit zu Vampiren werden lässt, oder außerirdische Vampire versuchten, die Welt zu zerstören. Eine Wende trat ein mit Anne Rices (*1941) «The Chronicles of the Vampires», namentlich mit dem 1976 publizierten «Interview with the Vampire». Seitdem herrscht als Schauplatz der Vampir-Erscheinungen nicht mehr Osteuropa vor, er hat sich in die USA verlagert, obwohl die Assoziationen an das traditionelle Dracula- und Vampirbild nach wie vor wirksam bleiben. Zwar gibt es noch Erzählungen wie Stephen Kings (*1947) «Salem's Lot» («Brennen muss Salem!») von 1975, in denen ein grauenhafter, furchterregender Vampir aus dem Totenreich erscheint und das Blut von Lebenden saugt, die dann auch zu Vampiren werden.

Doch daneben tauchen nun mehr und mehr liebenswerte Wesen mit einem differenzierten Innenleben auf, die in anderer Weise menschliche Sehnsüchte ansprechen. Vampirinnen, die nun im Mittelpunkt stehen, werden häufig als emanzipiert von traditionellen Rollen dargestellt, und es gelingt nicht mehr, die überlieferte Ordnung wiederherzustellen: Der Versuch, sie zu töten, scheitert.

Die Vampir-Literatur lässt sich nicht auf Schauer- oder Horrorromane reduzieren, sondern thematisiert menschliche Wünsche, Ängste und Abgründe ebenso wie gesellschaftliche Zustände. Nach dem Zusammenbruch des Kommunismus in Osteuropa entstanden dort vermehrt wieder Vampirgeschichten, die teilweise am Volksglauben anknüpften, aber auch die Veränderungen der Motive, wie sie inzwischen in der «westlichen» Literatur zutage getreten waren, aufgriffen. Eine besondere Form fand Viktor Pelevin (*1962) mit seinem 2006 in Moskau publizierten Vampir-Roman «Das Fünfte Imperium». Die Herren dieses Reiches, eine Art Geheimbund, kontrollieren als Vampire die Menschen: Sie greifen deren Wünsche nach Geld und Konsum auf und lassen sie zur Gier werden. Politiker, Unternehmer und Medienschaffende, die in ihrer Macht sind, unterstützen sie dabei. Den Menschen wird dadurch Lebensenergie abgezogen, von der sich dann die Vampire ernähren. Pelevin spielt in seinem Roman mit den Vampirvorstellungen der Leserinnen und Lesern, indem er sie immer wieder in die Irre führt. Zugleich kritisiert er über die Darstellung des Vampirismus die Entwicklung der russischen Gesellschaft und der ganzen modernen Welt.

Ein umittelbarer Bezug zu Dracula ist in der Literatur der letzten Jahrzehnte nur noch selten zu beobachten. Aber immer wieder tauchen Bezüge auf, indem etwa Dracula als der Vorfahre der Vampir-Sippe genannt oder auf das durch Stokers «Dracula» geprägte Vampir-Klischee angespielt wird.

Diese Entwicklung ist auch in der Kinderliteratur zu beobachten, in die Dracula und die Vampire Einzug gehalten haben. Vielfach wird hier das Böse höchstens angedeutet, die Vampire sind meistens harmlos; erst mit Werken für höhere Alterssstufen ändert sich das ein wenig. Die Bezüge zu den literarischen und filmischen Vorbildern, manchmal auch zum Volksglauben, sind dabei unübersehbar. Parallel dazu, dass sich die Aufenthaltsorte der Vampire in Film und Literatur während des 20. Jahrhunderts vielfach von (Ost-)Europa in die USA verlagert haben, erschienen dort die ersten Kinderbücher, die Dracula thematisierten. Ebenso popularisierte die zunächst während der 1970er Jahre in den USA gezeigte Fernsehserie «Sesamstraße» Dracula in der klassischen äußeren Erscheinung. Bald erschienen auch Dracula- und Vampir-Bücher in Europa. In ihnen wird in der Regel mit der Erinnerung an den Namen Dracula und an Vampire, an etwas Grausames und Gruseliges, gespielt. Häufig ist eine pädagogische Absicht sichtbar: Vampire sind Außenseiter, werden böse angesehen und diskriminiert, obwohl sie doch heute – anders als früher – lieb und menschenfreundlich sind. Sie trinken nur selten Blut, stattdessen essen sie Blutorangen und Blutwurst oder Tomaten und Ketchup. Oft werden die Geschichten aus der Perspektive der «kleinen» Vampire oder der Kinder, die sich mit ihnen anfreunden, erzählt. Die Andersartigkeit der Vampire, die Abenteuer, die sie erleben, und der Rest von Grusel sorgen dafür, dass die Geschichten bei Kindern beliebt sind. Ähnlich wie die literarischen Werke spiegeln die Kinderbücher Sehnsüchte, Wünsche und Ängste ihrer Leserinnen und Leser, jedenfalls so, wie es sich die Autoren vorstellen.

Dracula auf der Bühne und im Film

Die Verbreitung des von Bram Stoker geschaffenen Dracula- und Vampirbildes vollzog sich insbesondere über Theaterstücke und Filme. Nachdem es im 19. Jahrhundert die ersten Vampir-Dramen und -Opern gegeben hatte, entstand in den 1920er Jahren eine Bühnenfassung nach Bram Stokers Roman. In Wien 1924 uraufgeführt, wurde sie zum Vorbild für eine Broadway-Inszenierung 1927 mit Bela Lugosi in der Hauptrolle. Diese war derart erfolgreich, dass sie 1931 verfilmt wurde. Der Dracula-Stoff diente dann als Grundlage für zahlreiche Bearbeitungen, von Orson Welles' Hörspiel von 1938 bis zu

Roman Polanskis Musical «Tanz der Vampire», das auf seinem gleichnamigen Film beruht, 1997 in Wien Premiere hatte und inzwischen in einer Neufassung weiterhin ein zahlreiches Publikum anzieht.

Die Filme haben wahrscheinlich das gängige Dracula- und Vampirbild am stärksten geprägt. Insgesamt wurde der Stoff über 600 Mal verfilmt, erweitert man die Kriterien, kommt man auf rund 3000. Nur einige Beispiele können hier besprochen werden. Dracula stand im Mittelpunkt des 1921/22 gedrehten «Nosferatu» mit dem Untertitel «Eine Symphonie des Grauens». Der Regisseur Friedrich Wilhelm Murnau (1888–1931) drehte diesen Stummfilm nicht nur im Studio, sondern unter anderem auch in den Karpaten. Das Drehbuch griff Motive aus Bram Stokers Roman auf, verwendete aber andere Namen und Orte und hatte teilweise auch eine andere Handlung: Nosferatu, der Vampir, wird überwunden, indem sich Ellen – Bram Stokers Mina – seinem Biss hingibt, er dadurch die Zeit vergisst und sich im Licht der aufgehenden Sonne in Rauch auflöst. Trotz dieser Veränderungen gelang es Bram Stokers Witwe Florence, den Film verbieten zu lassen, weil die Produzenten nicht die Rechte zur Verfilmung des Romans hatten. Zum Glück blieben Kopien und das Negativ dieses großartigen Filmes erhalten: Mit seinem Expressionismus, seiner Kameraführung, seinen Montagen sowie mit seiner Darstellung des Unheimlich-Traumhaften und der Gefühle schrieb Murnau Filmgeschichte. Nahe liegt es, «Nosferatu» als den Einbruch des Schreckes zu interpretieren, den der Erste Weltkrieg und die Nachkriegszeit in die bürgerliche Ordnung bedeuteten. Möglicherweise wollte Murnau dieses Grauen aber auch verfremden, um die Idylle überhaupt als trügerisch zu kennzeichnen und auf seelische Vorgänge zu verweisen. «Träume nähren sich von Deinem Blut», heißt es einmal.

Max Schreck spielt Graf Orlok-Nosferatu und verleiht dem Vampir die dämonischen, Grauen erregenden Züge, wie sie stilbildend geworden sind und einen entscheidenden Bestandteil unserer Vorstellung von Dracula ausmachen. Ebenso eindrucksvoll bleibt der Makler und Immobilienhändler Knock im Gedächtnis. Alexander Granach gibt ihm klischeehafte «jüdische» Bewegungen. Daraus ist geschlossen worden, «Nosferatu» sei ein antijüdischer Film. Mit den Ratten, die im Gefolge Nosferatus mit dem Schiff kommen und der Stadt die Pest bringen, werde die «jüdische Pest» aus dem Osten symbolisiert – ein Begriff, der die antisemitische Reaktion auf den Zustrom jüdischer Zuwanderer aus Osteuropa nach dem Ersten Weltkrieg zum Ausdruck brachte. Diese Interpretation halte ich nicht für stichhaltig. Mit Granachs Knock wird ein antisemitisches Stereotyp aufgegriffen, aber gerade genutzt, um auf judenfeindliche gesellschaftliche Mechanismen aufmerksam zu machen: Als die Pest um sich greift, suchen die Menschen in der Stadt nach einem Sündenbock und werden auf Knock gelenkt. Auf ihn wird dann ein Pogrom veranstaltet, vor dem er sich nur mit Mühe retten kann.

Werner Herzog (*1942) drehte 1978/79 mit «Nosferatu – Phantom der Nacht» eine Neuauflage des Klassikers, aber mit interessanten Veränderungen. Dracula selbst, dargestellt von Klaus Kinski, ist die Personifizierung des Grauens und zugleich ein bemitleidenswerter Außenseiter. Das Opfer der «reinen» Frau bleibt vergeblich, ihr Mann wurde schon infiziert und trägt das Unheil weiter in die Welt. Offenbar wollte Herzog die Kontinuität des Bösen hervorheben und damit Ängste in der Gegenwart spiegeln.

Dracula-Filme reflektieren ihre Zeit, wie die beiden Nosferatu-Versionen zeigen. So ist es nicht zufällig, dass die amerikanische Bühnenfassung und der auf ihr gründende Film «Dracula», den Tod Browning (1882–1962) 1930/31 inszenierte, einen anderen Helden vorweist. Bela Lugosi, der von der Bühne in das Filmstudio gewechselt war, spielt einen attraktiven, würdigen Gentleman, der darunter leidet, ein Untoter zu sein und nicht sterben zu können. Von ihm geht eine starke erotische Ausstrahlung aus, der die Frauen verfallen. Deshalb muss er sterben. Aber auch Männer können sich seiner Macht nur schwer entziehen. Bei der Darstellung Minas werden die vampirischen Züge verstärkt, die sie durch ihre Begegnungen mit Dracula erhalten hat. In diesem Film drücken sich Ängste aus, weil die traditionellen Geschlechterrollen infrage gestellt werden, vielleicht noch verstärkt durch Bedrohungsgefühle infolge der Weltwirtschaftskrise. Jede Generation verändert den Vampir-Mythos nach ihrem Verständnis der Zeit. Bela Lugosi soll sich im Übrigen derart mit seiner Rolle identifiziert haben, dass er gegen Ende seines Lebens 1956 glaubte, er sei tatsächlich Dracula.

In der folgenden Zeit treten immer mehr erotische Elemente in den Vordergrund. Liebesgeschichten, die bei Bram Stoker fehlen, werden hinzugefügt, um Dracula weniger als Monster denn als unglücklich Verliebten – auf der Suche nach der ewigen Liebe – darzustellen. Christopher Lee verkörpert als Dracula noch stärker die triebgeleitete Version des todbringenden Liebhabers. «Dracula» («Horror of Dracula») von 1957/58 mit Terence Fisher (1904–1980) als Regisseur war der Auftakt zu einer ganzen Serie der britischen Produktionsfirma Hammer, die nur noch entfernt etwas mit Stokers Vorlage zu tun hat. Hingegen werden nun die Möglichkeiten des Farbfilms genutzt, um das Blut besonders zur Geltung zu bringen.

1967 griff Roman Polanski (*1933) mit seinem Film «Tanz der Vampire» Motive aus Bram Stokers Romanstoff noch einmal auf und parodierte zugleich die Gattung der Vampir- und Horrorfilme. Bis heute ist er mit seiner Mischung aus Spannung, Schrecken und Witz unübertroffen. Polanski spielt mit Elementen der Vampirlegende sowie mit ihren erotischen und homoerotischen Subtexten. Abronsius, ein zerstreuter Professor und Vampir-Forscher, ist mit seinem Gehilfen Alfred – von Polanski selbst gespielt – in einem transsylvanischen Gasthof eingetroffen, der von einem Juden namens Shagal (!) geführt wird. Dieser wird später zu einem Vampir – und das Kreuz wirkt bei ihm nicht als Abwehrwaffe … Alfred verliebt sich in des Juden Tochter Sarah, die jedoch vom Vampir Graf von Krolock (eine Anspielung auf Murnaus Orlok) gebissen und entführt wird. Abronsius und Alfred gelingt es bei ihrer Verfolgungsjagd nicht, den Grafen und seine Vampir-Sippe zu pfählen. Zwar können sie Sarah während des Balls der Vampire – einem der Höhepunkte des Films – befreien, doch ihr Sieg nützt nichts: Sarah ist schon zur Vampirin geworden und beißt während der

Flucht den geliebten Alfred in den Hals. Die Zuschauer können sich ausmalen, wie es weitergeht.

Dichter an Stokers Geschichte bleibt Francis Ford Coppolas (*1939) «Bram Stoker's Dracula» von 1992, obwohl er wesentliche Änderungen einfügte. In einem Prolog wird dargelegt, dass der historische Fürst der Walachei nach dem Freitod seiner geliebten Elisabeth, die fälschlicherweise geglaubt hatte, Vlad sei im Kampf gegen die «Türken» gefallen, Gott verfluchte, weil die Vertreter der orthodoxen Kirche meinten, die Seele einer Selbstmörderin sei verloren und könne nicht in den Himmel eingehen. Seitdem sucht Dracula, gespielt von Gary Oldman, die ewige Liebe, die ihn erlöst, und findet sie in Mina Harker. Obwohl der Film die Erlösungsthematik deutlicher als Stokers Roman herausarbeitet, verliert er an Aussagekraft, weil er durch eine Mischung von Grusel- und Sexeffekten auf eine wenig überzeugende äußerliche Wirkung abzielt. Die Moral des Films, unterstützt durch die Einblendung mikroskopischer Aufnahmen von Blutzellen, weist auf die zeigenössische gesellschaftliche Debatte über Sexualität hin: Den Gefahren der Übertragung von Aids sei am besten durch sexuelle Treue zu begegnen.

Neben all diesen Filmen, die an Bram Stokers Dracula-Roman anknüpfen und teilweise auch historische Motive aufgreifen, nehmen andere Streifen lediglich Elemente der Dracula-Legende auf und setzen sich mit unterschiedlichen Formen des Vampirismus auseinander. Ein Beispiel ist der französisch-deutsche Spielfilm «Vampyr – Der Traum des Allan Gray», den Carl Theodor Dreyer (1889–1968) 1932 drehte und mit dem er das Grauen und das Unheimliche betonte. Hier entpuppt sich eine alte, hässliche Frau, die vor Jahren wegen eines Verbrechens gepfählt worden war, als Vampirin. Ingmar Bergmans (1918–2007) Film «Die Stunde des Wolfs» («Vargtimmen») von 1967/68 entzieht sich einer einfachen Interpretation. Auf einem Schauplatz, der an Draculas Schloss erinnert, vollzieht sich ein Spiel von Liebe und Tod, das mit seinen Hinweisen auf Vampire möglicherweise Besessenheit und Ängste der Menschen ausdrückt.

Unzählige Filme benutzen den Namen Dracula nur, um irgendeine beliebige Horror-, Sex- und Gewaltfilm-Geschichte zu erzählen, manchmal auch zu Komödie und reinem Klamauk verfremdet. Klassische Vampirmotive werden eingesetzt, um entsprechende Klischees und Bilder beim Publikum hervorzurufen. Gut und Böse stehen sich gegenüber, häufig ist Osteuropa Ursprung des Bösen oder Schauplatz der Kämpfe. Auch wenn hin und wieder apokalyptisch der durch Dracula und die Vampire drohende Untergang der Welt an die Wand gemalt wird, kann man kaum von einem tieferen Sinn sprechen, der in diesen Filmen seinen Ausdruck findet.

Keinen unmitelbaren Bezug zu Dracula weist auch die Verfilmung der Vampir- und Werwolf-Romanserie von Stephenie Meyer (* 1973) auf, die eine geradezu ekstatische Resonanz vor allem unter Jugendlichen gefunden sowie viele Diskussionen hervorgerufen hat. «Twilight» bricht insofern mit dem klassischen Vampirbild, als weder Blutsaugen noch Sex oder das Grauen der Macht im Mittelpunkt stehen, sondern Askese und die «reine Liebe». An den vielen Interpretationen dieser Romane und Filme wird noch einmal sichtbar, welche Zuschreibungen über das in irgendeiner Weise mit Dracula assoziierte Vampirbild möglich sind und wie sehr sie mit unseren eigenen Gefühlen, Vorstellungen, Wünschen und Ängsten zu tun haben. In späteren Folgen der Romanserie wird allerdings auch deutlich, wie sich das scheinbar wertkonservative Weltbild mit problematischen gesellschaftlichen Ansichten verbindet: Die «guten» Vampire, die dennoch Menschenblut brauchen, wählen sich den «Ausschuss» der Gesellschaft als Beute – Drogensüchtige, Zuhälter oder Penner.

Nur selten ist das Leben des historischen Dracula – Vlad Drăculea – verfilmt worden. Eine US-amerikanisch-rumänische Produktion kam 2000 unter dem deutschen Titel «Fürst der Finsternis – Die wahre Geschichte von Dracula» in die Kinos; Regie führte Joe Chappelle. Die Handlung mischt historisch belegbare Vorgänge mit Legenden, sie wird stark aus rumänischer Sicht erzählt. Der Geburt Draculas geht die Prophezeiung voraus, er werde der Messias oder der Antichrist sein. Für das Volk ist er – trotz seiner grausamen Strafen – ein Held, weil er

Ordnung schafft und die «Türken» besiegt. Eine wichtige Rolle
spielt die große Liebe zwischen Dracula und Lidija, die er heiratet. Sie ist die Tochter eines walachischen Adligen, der Dracula
später verrät. Wegen seiner Greueltaten wendet sie sich von ihm
ab, liebt ihn aber immer noch und wählt schließlich den Freitod. Im Zentrum des Films steht weiter die orthodoxe Kirche,
die Dracula als Antichrist verurteilt. Einer ihrer Priester organi-
siert seine Ermordung. Da ihn die Kirche exkommuniziert hat,
kann sein Leichnam nicht verwesen. Das ist die Pointe des
Filmes, der damit erklärt, warum Dracula als «Untoter» weiter-
lebt und sein Grab im Kloster Snagov leer ist.

6. Dracula und der Vampirismus heute

Die Analyse der Geschichte von Vlad Drăculea bis zum Vampir-
Mythos des Dracula hat gezeigt, wie diese Überlieferung zur
wirkungsmächtigen Konstruktion eines Osteuropabildes beigetragen hat. In osteuropäischen Gesellschaften selbst ist der
Glaube an Vampire bis heute nicht verschwunden. Wenn wir
nach den Ursachen fragen, können wir wiederum die Wirkung
der Geschichte beobachten. An den Vorgängen im 18. Jahrhundert wurde deutlich, dass sich die Menschen für sie unerklärbare Erscheinungen mit Deutungen fassbar zu machen suchten,
die auf Traditionen des Totenkultes und der Jenseitsvorstellungen beruhten. Da ihnen diese von «Fremden», von Vertre-
tern der staatlichen und kirchlichen Obrigkeit, ausgetrieben
werden sollten, reagierten sie widerständig und «eigensinnig».
Auch in der folgenden Zeit gab es immer wieder staatliche und
kirchliche Versuche, den Volksglauben zurückzudrängen, die
ebenfalls nur begrenzten Erfolg hatten.

Bald spielten Vampire auch vor Gericht eine Rolle. Zwischen
1870 und 1873 war in der Provinz Westpreußen vermeintlichen
Vampiren im Grab der Kopf abgetrennt worden. Zunächst verurteilt, sprach man die Täter in höchster Instanz frei. Nach An-

sicht des Gerichts hatten diese die Strafbarkeit ihrer Vergehen nicht gekannt und aus Überzeugung gehandelt: Sie hätten verhindern wollen, dass sich Vampire neue Opfer holten. Doch dann wurden Verbrecher selbst als Vampire bezeichnet. So trank der Serienmörder Vincenzo Verzeni (1849–1918) das Blut von Frauen, nachdem er sie gebissen hatte. Zwischen 1918 und 1924 brachte Fritz Haarmann (1879–1925) über 20 junge Männer zwischen 10 und 22 Jahren um, indem er ihnen die Kehle durchbiss, nachdem er zuvor sexuelle Handlungen an ihnen vorgenommen hatte. In der Bevölkerung galt er als der «Werwolf» oder «Vampir von Hannover». Peter Kürten (1883–1931), der «Vampir von Düsseldorf», wurde – glaubt man seinen Aussagen – vom Genuss des Blutes seiner Opfer sexuell erregt, ähnlich wie John Haigh (1909–1949), der «Vampir von London», der 1949 gehängt wurde. Der Schweizer Schriftsteller Jacques Chessex (1934–2009) erinnerte in seinem Werk «Der Vampir von Ropraz» an die Schändung von Leichen junger Frauen 1903 im Kanton Waadt. Die Liste könnte leicht verlängert werden. Mehrfach gab es auch Mörder, die sich selbst als vampirische Nachkommen Draculas verstanden.

Ebenso wie diese Vorgänge hielten der Volksglaube und dessen Bekämpfung, die Bezeichnung bestimmter Personen oder Gruppen als Vampire, Literatur, Malerei oder Filme die Vampirvorstellungen lebendig. Sie wurden von Generation zu Generation weitererzählt. Aus vielen Regionen Osteuropas wurden im 19. und 20. Jahrhundert zahlreiche Vorfälle bekannt, bei denen angeblich Untote gesehen, Menschen von ihnen getötet oder Vampire auf dem Friedhof ausgegraben und auf die übliche Art vernichtet worden waren. Der Glaube an Vampire hat sich bis heute erhalten. Die Merkmale eines typischen Vampirs sind dabei gegenüber Zeugnissen aus früheren Zeiten nur leicht verändert: Ein Mensch, der äußerlich und in seinem Verhalten als sonderbar zu erkennen ist – es muss kein «Untoter» sein –, verwandelt sich des Nachts in ein Tier. Häufig wird ein «schwarzer Vogel» genannt, womit früher schon der Teufel gemeint war. Dieser greift vorwiegend den Hals eines Menschen an – er will das Blut saugen. Mit bestimmten Mitteln wird man seiner Herr, und es bedarf althergebrachter Rituale bei der Beerdigung, um sich vor einer Wiederkehr des Vampirs zu schützen.

Offensichtlich hat der Glaube an «wirkliche» Vampire nach wie vor eine Bedeutung. Außenseiterinnen und Außenseiter im Dorf lassen sich damit brandmarken; verborgene Konflikte können ausgetragen werden; unerklärbare Vorgänge – vor allem merkwürdige Krankheiten, ungewöhnliche Todesfälle bei Mensch und Tier – werden verständlich; «Sündenböcke» treten ins Blickfeld; Vorstellungen vom Sterben und vom Leben nach dem Tod konkretisieren sich; im Kampf gegen Vampire vereint sich die gesamte lokale Gesellschaft; nicht zuletzt bewahrt sie sich ein Element der Widerspenstigkeit, des «Eigensinns» gegen die «Fremden», die sie mit ihrer Argumentation unter Kontrolle bringen, ihre Lebenswelt «kolonialisieren» wollen. Erinnerung an die Überlieferungen, an gemeinsame Ängste, Abwehrstrategien und Erfahrungen hat hier sehr viel mit Identität und Welterklärung zu tun. Dieser Volksglauben entfaltete sich eigenständig, hatte zunächst wenig zu tun mit dem Mythos, der von Vlad Drăculea über Vlad Țepeș zum modernen Dracula führte. In diesen Mythos gingen dann allerdings Elemente des Volksglaubens mit ein und verdichteten sich zu jenen Vorstellungen, die wir heute mit Dracula verbinden. Möglicherweise hat umgekehrt das Fremdbild des Dracula-Vampirs den gegenwärtigen Vampirglauben in osteuropäischen Regionen beeinflusst.

Einige Menschen leben in einer Vampir-Subkultur, sie bezeichnen sich als «Vampyre», die sie als lebende Wesen verstehen, im Unterschied zu den legendenhaften Vampiren in Mythen, Romanen und Filmen. Sie kleiden sich schwarz, gemäß dem gängigen Bild von Dracula, inszenieren eine besondere Ästhetik und zapfen sich bei ihren Treffen gegenseitig ein wenig Blut ab. Ansonsten sind sie im Allgemeinen friedliebend und keineswegs aggressiv. Sie üben «normale» Berufe aus und sind in ihrem Privatleben nicht auffälliger als andere Menschen, interessieren sich allerdings für das Magische und Mythische. In manchen Berichten wird auch von «Energievampiren» oder «Cybervampiren» gesprochen. Hier setzt sich eine Linie fort, die schon im 18. Jahrhundert aufgetaucht ist: Statt den Menschen durch Bluttrinken, Kannibalismus oder Würgen ihre Kraft zu rauben, geschieht dies durch Methoden, die anderen die Energie nehmen oder über das Internet in das Unterbewusstsein von Adressaten einzudringen und dieses zu manipulieren suchen. Man kann auch von «Psycho-Vampiren» sprechen. Dies bezieht sich sogar auf das Innere des Menschen selbst, wenn immer mehr Leistung, Erfolg und Anerkennung verlangt und dadurch letztlich die eigene Kraft ausgesaugt wird. Aus Elementen der Dracula-Legende, der Vampir-Mythen und des Volksglaubens haben sich neue Formen herausgebildet.

In der Werbung werden Dracula und die Vampire vielfältig eingesetzt. Allerdings muss der «Vampir-Effekt», wie ihn die Werbebranche nennt, vermieden werden: Erzeugen die Motive der Kampagne zu viel Aufmerksamkeit, lenken sie von der Ware, die eigentlich verkauft werden soll, ab und verfehlen damit ihr Ziel. Anspielungen auf Dracula und die Vampire kennzeichnen Produkte wie Sonnenschutz, Staubsauger oder Kosmetika, fordern zum Blutspenden auf und greifen dabei auf die Sehnsucht nach Unsterblichkeit zurück. Dracula-Parks sind Urlaubermagneten. Auf Kinder-Erlebnispfaden müssen mindestens Fledermäuse auftauchen. Sprachlernbücher enthalten Vampirgeschichten, um zu Übungen anzuregen. Pop-Bands benennen sich nach Dracula und nach Vampiren. Entsprechende Songs finden guten Absatz. Die Werbung spielt mit all dem, was in den Vampiren gesehen werden kann: das Dunkle und Geheimnisvolle, die Flucht vor der Realität und die Hoffnung auf das ewige Leben, die Beschäftigung mit Liebe und Tod, der Wunsch nach Schönheit und Stärke, der Reiz von Abenteuer und Überwindung des Bösen, die Verbindung von Phantasie, Mystik und Religion.

Für Kinder und Jugendliche haben Dracula und die Vampire seit langem eine besondere Attraktivität. Verkleidungen mit den üblichen Utensilien – schwarze Gewänder, weißes Gesicht, rot unterlaufene Augen, spitze Zähne, lange Fingernägel, Fledermaus-Umhang – sind bei allen möglichen Anlässen beliebt. Das Gruselige lockt. Elemente der Dracula-Legende und des Vampir-Mythos werden weiterhin in der Praxis des Halloween-Festes am Abend des 31. Oktober zusammengeführt. Viele Menschen verkleiden sich als Dracula-Vampir, und ausgehöhlte Rüben oder Kürbisse, in denen Kerzen leuchten und in die Fratzengesichter hineingeschnitten sind, sollen in der Dunkelheit andere erschrecken. Dieser Brauch geht auf Ursprünge in keltischer Zeit zurück: An Samhain, wenn die dunkle Jahreszeit begann, konnten die Seelen der Verstorbenen noch einmal in das Diesseits zurückkehren. Dafür sollte ihnen geleuchtet werden, und zugleich brauchte man Abwehrrituale, damit nichts Böses geschah.

Man ist leicht geneigt, sich über den Glauben an Vampire lustig zu machen. Stattdessen lohnt es sich, ihn ernst zu nehmen und zu erforschen, seinen Erscheinungsformen, Ursachen, Hintergründen und Funktionen nachzugehen. Der Vampirglaube ist keine Bestätigung einer «Rückständigkeit» der Menschen in Osteuropa, sondern ein Zeichen dafür, wie sich Menschen in verschiedenen Gesellschaften ihre Wirklichkeiten deuten. Im Übrigen haben sich die übertragenen Vampirvorstellungen, die «gemachten» Vampire, überall in der Welt verbreitet und erfüllen bestimmte Funktionen.

Wenn uns beim Gedanken an Dracula und die Vampire ein Schauer über den Rücken läuft, wenn wir mit Genuss immer neue Filmversionen anschauen, Romane oder Comics lesen, dann erfüllt jener Mythos auch bei uns seine Funktion. Wie schon in den vergangenen Jahrhunderten übt die Vampir-Figur Dracula Faszination aus, weil sie eigentlich unsterblich ist (und nur durch besonders raffinierte Methoden besiegt werden kann) und weil sie sich durch Blut immer wieder verjüngt. Mit Blut verbinden sich Bilder von Tod und Leben, von Grausamkeit und Reinheit, von Angst und Lust, von Auferstehung und Erlösung. Zugleich birgt die Vampir-Figur Eigenschaften, die wir möglichst unterdrücken müssen und nicht ausleben dürfen: Verderben über andere bringen, Böses tun, Rache üben. Das, was wir als bedrohlich empfinden, kommt uns nah, und doch können wir sicher sein, durch die Vernichtung der Vampire den Sieg des Guten zu erleben. Wir können unsere Ängste, Unsicherheiten und Schuldzuweisungen auf den Vampir projizieren oder mit ihm aus der Realität fliehen.

Neben diesem «Dunklem» in uns verkörpert Dracula Sehnsüchte vieler Menschen nach erotischer Anziehungskraft, aber auch nach der Möglichkeit, sich über gesellschaftliche Normen und über die geregelte Ordnung hinwegsetzen zu können, Grenzen zu überschreiten und aufzulösen. Die Vielfalt der Eigenschaften, die sich dem Vampir Dracula zuschreiben lassen und an die man anknüpfen kann, macht ihn besonders attraktiv. Schließlich eignet er sich dazu, das jeweils Andere und das angeblich Rückständige – so wie es sich in der «westlichen» Sicht auf Osteuropa ausdrückt – zu bestimmen, die Vorstellung einer männlich dominierten Ordnung zu bestätigen und zugleich deren Umkehrung anzuregen. Nicht zuletzt vermag die jeweilige Gestaltung der Dracula-Figur den Zeitgeist auszudrücken: Er kann für die Schrecknisse einer Epoche ebenso stehen wie für die beschwingte Leichtlebigkeit einer anderen oder für die Orientierungslosigkeit und Sehnsucht nach alternativen Lebensformen einer dritten.

Vlad Drăculea starb 1477. Dracula lebt noch immer. Kaum eine andere Persönlichkeit der Geschichte hat ein derart großes Echo in den Phantasien der Menschen ausgelöst. Wer aber heute dem «gemachten» Dracula begegnet, weiß in der Regel nur wenig über das historische Vorbild. Die Kenntnis der geschichtlichen Zusammenhänge hilft uns, das Phänomen des Vampirismus und die heutigen Formen des Dracula- und Vampir-Mythos einzuordnen und mit ihnen bewusst umgehen zu können. Vlad Drăculea war als historischer Akteur Täter und Opfer zugleich. Dass aus ihm einmal ein Mythos würde, konnte er nicht ahnen. Er war kein Vampir. Schriftsteller und Künstler griffen jedoch die sich um ihn rankenden Legenden auf, verbanden sie mit Elementen des Volksglaubens und trugen sie in neuer Form weiter. Diese Bilder, die sich in einer Person verdichteten, faszinierten viele Menschen, weil sie Grundthemen ihrer Existenz berührten und sie aufforderten, sich mit Fragen von Leben und Tod auseinanderzusetzen. So verbreiteten sich die Bilder und gingen in den gesellschaftlichen Erinnerungsbestand ein, in das von vielen geteilte Wissen. Dieses kann je nach Bedarf abgerufen und eingesetzt werden. Auf diese Weise festigten sich die Legenden zu einem Mythos, einer sinnstiftenden Erzählung, um Unerklärbares und Unbewusstes fassen zu können.

Durch die Erinnerung formt der Mythos das Verständnis von Geschichte. Wer sich mit der historischen Figur Vlad Drăculeas beschäftigt, wird auch die Legendenbildung um andere historische Persönlichkeiten kritisch beurteilen können. Die Faszination, die von Dracula – und dem Vampir überhaupt – ausgeht, wird bestehen bleiben, aber immer wieder neue Ausdrucksformen annehmen. Deshalb wird das Dracula- und Vampirbild auch weiterhin Aufschluss über den Zeitgeist und über gesellschaftliche Verhältnisse geben. Aus einem Menschen, der sein Reich mit allen Mitteln festigen wollte und dabei scheiterte, wurde eine Gestalt, die aus dem Totenreich in die Welt der Lebenden zurückkehrt.

Dank

Eine Einführung in Draculas Leben und Legende entsteht nicht aus dem Nichts. Erste Anregungen verdanke ich Gesprächen mit Ralf-Peter Märtin und dann seinem Buch über Dracula. Da mir bald klar wurde, dass mit diesem Thema vielfältige Aspekte der Geschichte Osteuropas und des Osteuropabildes im «Westen» behandelt werden können, habe ich mehrere Lehrveranstaltungen dazu angeboten. Sie waren außerordentlich gut besucht, und die intensiven Diskussionen sowie die gründlichen und weiterführenden schriftlichen Arbeiten der Studierenden haben mir neue Perspektiven eröffnet. Während eines längeren Aufenthaltes am Wiener Institut für die Wissenschaften vom Menschen 2003 konnte ich meine Überlegungen vertiefen, auch in den Gesprächen mit den dortigen Kolleginnen und Kollegen. Wesentliche Unterstützung habe ich – wie immer – von meinen Mitarbeiterinnen und Mitarbeitern am Historischen Seminar der Universität Basel erhalten, namentlich von David Aragai, Thomas Bürgisser, Jörn Happel, Adrian Hofer, Anna Liesch, Laura Polexe, Julia Richers und Carmen Scheide. Weitere wichtige Hinweise gaben mir Caroline Arni, Christoph Augustynowicz, Thomas Bohn, Nada Boškovska, Monika Dommann, Jürgen Gebhard, Barbara Lüthi, Thomas Grob, Andreas Guski, Peter Haber, Michael Hagemeister, Almut Höfert, Nicole Hutter, Ilja Karenovics, Roland Marti, Claudius Sieber-Lehmann, Boris Perić, Erwin Pokorny, Harald Roth und Daniel Ursprung. Erika Sommer hat meine Texte immer wieder kritisch gelesen. Eine sorgfältige Betreuung des Manuskriptes habe ich von Stefan von der Lahr und seinen Mitarbeiterinnen und Mitarbeitern im C.H.Beck Verlag erfahren. Ihnen allen danke ich herzlich.

Zur Aussprache des Rumänischen

ă	dumpfes «e» wie in Lager, Vater oder Bauer
â / î	dumpfes «i» oder «ü» wie in Kürze oder Würze (ähnlich wie das russische «y»)
au / ei / eu	getrennt gesprochen wie in beirren oder beunruhigen
c	vor a / o / u wie «k», vor e / i wie «tsch»
che / chi	wie kje / ki
ge / gi	stimmhaftes «dsch» wie in Dschungel
ghe / ghi	wie in Germania / Gitter
ie	getrennt gesprochen wie in je
j	weiches «sch» wie in Journal oder Passagier
ş	«sch» wie in Schablone
ţ	«z» wie in Zahl (Ţepeş = Zepesch)
v	«w» wie in warm
z	stimmhaftes «s» wie in sagen oder Rose

Bildnachweis

Weiterführende Literatur

Zahlreiche wichtige Aufsätze in:
Journal of Dracula Studies
kakanienrevisited (http://www.kakanien.ac.at)

Birkhan, Helmut: Der grausame Osten. Mentalitätsgeschichtliche Bemerkungen zum Dracula-Bild bei Michel Beheim. In: Wenn Ränder Mitte werden. Zivilisation, Literatur und Sprache im interkulturellen Kontext. Festschrift für F. Peter Kirsch zum 60. Geburtstag. Hg. von Chantal Adobati u. a. Wien 2001, S. 485–499

Blut: Die Kraft des ganz besonderen Saftes in Medizin, Literatur, Geschichte und Kultur. Hg. von Christine Knust und Dominik Groß. Kassel 2010

Bohn, Thomas M.: Der Dracula-Mythos. Osteuropäischer Volksglaube und westeuropäische Klischees. In: Historische Anthropologie 14 (2006) S. 391–409

Boia, Lucian: Geschichte und Mythos. Über die Gegenwart des Vergangenen in der rumänischen Gesellschaft. Köln usw. 2003

Burkhart, Dagmar: Kulturraum Balkan. Studien zu Volkskunde und Literatur Südosteuropas. Berlin, Hamburg 1989

Cazacu, Matei: L'Histoire du prince Dracula en Europe centrale et orientale (XVe siècle). Présentation, édition critique, traduction et commentaire. Genève 1988

Deutsch, Robert; Andreescu, Stefan: Dracula oder Vlad Tzepes, Fürst der Walachei. Eine historiographische Untersuchung rumänischer Beiträge. In: Schweizerische Zeitschrift für Geschichte 30 (1980) S. 59–71

Dorn, Margit: Vampirfilme und ihre sozialen Funktionen. Ein Beitrag zur Genregeschichte. Frankfurt a. M. usw. 1994

Dracula unbound. Kulturwissenschaftliche Lektüren des Vampirs. Hg. von Christian Begemann u. a. Freiburg i. Br. usw. 2008

Dracula. Woiwode und Vampir. Ausstellungskatalog des Kunsthistorischen Museums Wien, Schloss Ambras, Innsbruck, 18.6.–31.10.2008. Hg. von Wilfried Seipel. Wien 2008

Flocke, Petra: Vampirinnen. «Ich schaue in den Spiegel und sehe nichts.» Die kulturellen Inszenierungen der Vampirin. Tübingen 1999

Gebhard, Jürgen: Fledermäuse im Wandel der Zeit. Mythologie, Forschung, Schutz. In: pro Chiroptera 2 (2001) S. 15–21

Hamberger, Klaus: Mortuus non mordet. Kommentierte Dokumentation zum Vampirismus 1689–1791. Wien 1992

Harmening, Dieter: Der Anfang von Dracula. Zur Geschichte von Geschichten. Würzburg 1983

Haumann, Heiko: Dracula und die Vampire Osteuropas. Zur Entstehung eines Mythos. In: Zeitschrift für Siebenbürgische Landeskunde 28 (2005) S. 1–17

Heroine des Grauens. Wirken und Leben der Elisabeth Báthory in Briefen, Zeugenaussagen und Phantasiespielen. Hg. von Michael Farin. München 1989

Hoensch, Jörg K.: Matthias Corvinus. Diplomat, Feldherr und Mäzen. Graz usw. 1998

Hundert Jahre Dracula. Hg. von Rainer M. Köppl. Wien usw. 1998 (= Maske und Kothurn 41, H. 1–2)

Introvigne, Massimo: La stirpe di Dracula. Indagine sul vampirismo dall'antichita ai nostra giorni. Milano 1997

Klaniczay, Gábor: Heilige, Hexen, Vampire. Vom Nutzen des Übernatürlichen. Berlin 1991

Klewer, Detlef: Die Kinder der Nacht. Vampire in Film und Literatur. Frankfurt a. M. usw. 2007

Kreiser, Klaus: Der osmanische Staat 1300–1922. München 2001

Kreuter, Peter Mario: Der Vampirglaube in Südosteuropa. Studien zu Genese, Bedeutung und Funktion. Rumänien und der Balkanraum. Berlin 2001

Kührer, Florian: Vampire. Monster – Mythos – Medienstar. Kevelaer 2010

Lecouteux, Claude: Die Geschichte der Vampire. Metamorphose eines Mythos. Düsseldorf, Zürich 2001

Märtin, Ralf-Peter: Dracula. Das Leben des Fürsten Vlad Ţepeş. Neuausgabe Berlin 2004

McNally, Raymond; Florescu, Radu: In Search of Dracula. The History of Dracula and Vampires. Revised Edition. Boston, New York 1994

Memoiren eines Janitscharen oder Türkische Chronik. Hg. von Renate Lachmann. Paderborn usw. 2010

Mythen des Blutes. Hg. von Christina von Braun und Christoph Wulf. Frankfurt a. M., New York 2007

Poetische Wiedergänger. Deutschsprachige Vampirismus-Diskurse vom Mittelalter bis zur Gegenwart. Hg. von Julia Bertschik und Christa Agnes Tuczay. Tübingen 2005

Pokorny, Erwin: Bildnisse und Kryptoporträts des Vlad Dracula. In: Ars Transsilvaniae 18 (2008) S. 109–118

Pütz, Susanne: Vampire und ihre Opfer. Der Blutsauger als literarische Figur. Bielefeld 1992

Schaub, Hagen: Blutspuren. Die Geschichte der Vampire. Graz 2008

Schmitt, Oliver Jens: Skanderbeg. Der neue Alexander auf dem Balkan. Regensburg 2009

Siebenbürgen. Hg. von Harald Roth. Stuttgart 2003

Stoker, Bram: Dracula. Ein Vampirroman. Übersetzt von Stasi Kull. München 1967

Striedter, Jurij: Die Erzählung vom walachischen Vojevoden Dracula in der russischen und deutschen Überlieferung. In: Zeitschrift für slavische Philologie 29 (1961) S. 398–427

Wilson, Katharina M.: The History of the Word «Vampire». In: Journal of the History of Ideas 46 (1985) S. 577–583

Register

Adrianopel → Edirne
Aegeas → Egea
Afanas'ev, Aleksandr N. 87
Agnon, Samuel J. 75
Albanien 18f., 21, 23, 38
Albrecht II. 16
Alexander der Große 43
Alexandru I. Aldea 13
Amlaş 14
Amselfeld 10, 23
Anatolien 10, 18–20
Andreas 54, 56
Andres, Stefan 76
Andrić, Ivo 44
Ankara 11
An-skij 75
Arnont, Paule 78f.
Artmann, Hans Carl 107
Bachmann, Ingeborg 107
Balkan 84, 104
Baltikum 84
Banat 81
Baring-Gould, Sabine 101
Basarab Laiotă 40
Basel 31
Báthory, Erzsébet (Elisabeth) 89f., 94, 101
Báthory, Stefan 40, 89
Baudelaire, Charles 94
Bayezid I. 10
Beheim, Michel 46f.
Belgrad 17, 25f.
Berbig, Ottomar 41
Bergman, Ingmar 113
Bistriţa → Bistritz
Bistritz 14, 97, 102
Blake, William 96
Blok, Aleksandr A. 105

Bogdan II. 24
Bogdan, Ioan 63
Bogdanov, Aleksandr A. (Malinovskij) 105
Böhmen 8, 36
Bosnien 19f., 32, 38f., 93
Bran 65f.
Branković, Georg 16, 18, 20, 22, 25
Braşov → Kronstadt
Browning, Tod 111
Buda 52
Budapest 103
Buffon, Georges-Louis Leclerc, Comte de 81, 95
Bukarest 30, 41, 64
Bulgakov, Michail A. 106
Bulgarien 69
Bürger, Gottfried August 88
Byron, Lord George Gordon 90–92
Byzanz 10, 12, 19, 25
Cagliostro, Alessandro Graf (Giuseppe Balsamo) 86
Capistrano, Johann 26
Capuana, Luigi 106
Ceauşescu, Nicolae 64f.
Cesarini, Giuliano 19, 21
Chalkokondyles, Laonikos 60
Chappelle, Joe 114
Chessex, Jacques 116
Chilia 28, 35, 39
Cilli, Barbara von 9, 95
Coppola, Francis Ford 113

Cortés, Hernando 80
Cuza, Alexandru Ioan 63, 65
Cvetaeva, Marina I. 106
Dalmatien 69, 71
Dan 28f.
Dante Alighieri 73
Dardanellen 10, 17, 20
Deutschland 11, 80, 106f.
Dreyer, Carl Theodor 113
Dürer, Albrecht 45
Ebendorfer, Thomas 45
Edirne 79
Egea 54, 55
Eliade, Mircea 64, 107
Eminescu, Mihai 63
England 12, 88, 98, 100f., 104
Esterházy de Galantha, Paul I. Fürst 51
Eugen IV. 19
Ewers, Hanns Heinz 106
Făgăraş 14
Ferdinand II. 50
Fisher, Terence 112
Florenskij, Pavel A. 105
Florenz 13
Flückinger, Johann 79
Frankreich 12, 94
Friaul 73
Friedrich II. 82
Friedrich III. 32, 34, 36, 38, 47f., 56
Füssli, Johann Heinrich 96
Galizien 87
Gautier, Théophile 94
Genua 12, 20, 38
Georg von Ungarn 48

Goethe, Johann Wolfgang von 67, 71, 88
Gogol', Nikolaj V. 93
Goya, Francisco de 81
Granach, Alexander 111
Grando, Guire 77
Griechenland 18, 21, 32, 70
Grimm, Jacob 90
Grimm, Wilhelm 90
Guldenmundt, Hans 49f.
Haarmann, Fritz 116
Habsburg, Dominic von 66
Habsburger Reich 81, 84, 103
Haigh, John 116
Hammurabi 42
Heinrich der Seefahrer 12
Hermannstadt 14, 28
Hermersdorf 82
Herzog, Werner 111
Hesse, Hermann 77
Hitler, Adolf 86
Hoffmann, E.T.A. 92
Holzhausen, Maria Magdalena von 66
Hunyadi, Johann 17–26, 28, 42
Hus, Jan 8
Iberische Halbinsel 12
Ibrahim 18f.
Ihringen 86
Innsbruck 51
Istrien 69, 71, 74, 77
Ivan IV. 61f.
Izmir → Smyrna
Jeanne d'Arc 12
Jelinek, Elfriede 107
Joseph I. 43
Kairo 44
Karaman 18f.
Karl Alexander 80
Karl der Kühne 49
Karl IX. 62
Karl V. 43
Karpaten 11, 15

Kastriota, Georg → Skanderbeg
Kaszparek, Mihály 79
Katharina von Medici 62
Kazimierz IV. 38f.
King, Stephen 107
Kinski, Klaus 111
Kisolova 79
Konstantin Palaiologos 18
Konstantinopel (Istanbul) 25, 28
Konstanz 8, 46
Kosovo polje → Amselfeld
Kringa 77
Krink → Kringa
Kroatien 69, 71, 95
Kronstadt 14, 24, 27–29, 35, 39, 65f.
Kubin, Alfred 96
Kuricyn, Fedor 61
Kürten, Peter 116
Ladislaus Posthumus 16, 21, 24
Lazar 10
Le Fanu, Sheridan 94f., 101f.
Lee, Christopher 112
Leipzig 57
Lenin 105
Ljubljana 57
London 45, 97–100, 116
Lugosi, Bela 109, 111f.
Mähren 36, 81
Mailand 12
Mara 18
Maria Theresia 43, 81f., 103
Maria von Rumänien 66
Marie Antoinette 85
Marschner, Heinrich 91
Matthias Corvinus 28f., 32–40, 42, 46–48, 100
Medvegya 78

Mehmed II. 23–26, 30, 31–41, 48, 60f.
Memling, Hans 76
Mérimée, Prosper 94
Mesmer, Franz Anton 86
Mexiko 76, 80
Meyer, Stephenie 114
Mickiewicz, Adam 92
Mikszáth, Kálmán 79
Mircea 17, 20f., 21, 26
Mircea der Alte (ccl Bătrân) 11, 63
Mittelasien 14
Moldau 11, 21, 24, 28, 32, 36, 39–41, 63, 65, 102
Moskau 108
Mozart, Wolfgang Amadeus 44
Mühlbach 16
Munch, Edvard 96
München 102
Münster, Sebastian 46
Murad I. 10, 17
Murad II. 11, 15, 17–19, 20–24
Murnau, Friedrich Wilhelm 110, 112
Muschg, Adolf 107
Neapel 13, 38
Nicolaus Machinensis 48, 52, 100
Nikolaus V. 48
Nikopolis 11, 20, 34
Novalis 88
Nürnberg 8f.
Ofen → Buda
Oldman, Gary 113
Oppenheimer, Joseph Süß 80
Osman 10
Osmanisches Reich 9, 12f., 16, 18, 22–25, 34, 38, 41, 44, 47, 60, 78f., 84, 102
Ossenfelder, Heinrich August 88
Österreich 36, 77, 82

Österreich-Ungarn
→ Österreich
Patras 55
Pelevin, Viktor 108
Perić, Boris 77
Persien 32, 38
Petrus 54
Philipp der Gute 12
Phlegon 71
Piccolomini, Enea Silvio
→ Pius II.
Pilatus 56
Pius II. 31f., 36–38, 48
Plogojowiz, Peter 79
Poienari 30, 65
Polanski, Roman 110,
112
Polen 19, 24, 36, 38f.,
79, 89, 92f.
Polen-Litauen 11, 16,
18, 84
Polidori, John William
91
Potocki, Jan 88f.
Puškin, Aleksandr S. 94
Radu 17, 31, 34–39
Rapoport, Schlojme Zan-
vil → An-skij
Războieni 40
Reymont, Władisław
105
Rice, Anne 107
Robespierre, Maximilien
de 85
Rom 8
Rosendorfer, Herbert 107
Rumänien 30, 41, 62–
66, 69, 71, 74, 86
Rushdie, Salman 76
Russland 44, 54, 61f.,
84, 93
Sacher-Masoch, Leopold
von 101
Sandhofer, Elisabeth 66
Schäßburg 8, 14
Schiller, Friedrich von 86
Schlesien 36
Schön, Erhard 49
Schreck, Max 110

Schwarzenberg, Eleonore
Fürstin von 88
Sebeş → Mühlbach
Segesvár → Schäßburg
Serbien 10, 15–17, 19,
25, 32, 69, 78, 80, 93
Shelley, Mary Wollstone-
craft 91
Sibiu → Hermannstadt
Siebenbürgen 11, 13–18,
20, 24–29, 32, 35–41,
46, 65, 79, 81, 89, 99,
101–104
Sighişoara → Schäßburg
Sigismund von Luxem-
burg 8f., 11, 13, 15–
17, 95
Singer, Isaac Bashevis 75
Sizilien 13
Skanderbeg 18f., 21, 23,
27, 32f., 38, 42
Skopje 10
Smyrna 91
Snagov 41, 115
Sorescu, Marin 65
Sowjetunion 62
Spanien 89
Srebrenica 39f.
St. Gallen 45
Stefan der Große 24, 28,
32, 34–36, 39f.
Stefan Dušan Uroš 77
Steiermark 95, 102
Stoker, Bram 7, 65, 88,
97–106, 108–110,
112f.
Stoker, Florence 110
Störtebeker, Klaus 12
Suleiman 39
Swieten, Gerard van 82
Szilágyi, Ilona 33
Tallar, Georg 82
Târgovişte 13, 34f.
Tirol 43
Tokaj 88
Tolstoj, Aleksej K. 93
Törzburg → Bran
Transsylvanien → Sieben-
bürgen

Turgenev, Ivan S. 93
Türkei 16
Ukraine 70, 87
Ungarn 8–11, 15, 18f.,
21, 24f., 27f., 31, 36–
41, 46–48, 56, 59,
61, 70, 79, 88f., 93,
102f.
Uzun Hasan 32, 38
Vaida-Voievod, Alexan-
dru 64
Valvasor, Johann
Weichard Freiherr von
77
Vámbéry, Ármin 102f.
Varna 20, 98
Vaslui 39
Venedig 12, 23, 32, 38,
72
Venetien 77
Verne, Jules 101
Verzeni, Vincenzo 116
Vlad der Mönch
(Călugărul) 28
Vlad II. Dracul 7, 9, 13,
15–19, 20f.
Vlad III. Drăculea (Vlad
Ţepeş) 8f., 17f., 22–
31, 33–37, 39–42, 45–
53, 56–66, 75f., 87,
89f., 94, 97, 100,
102f., 114f., 117, 120,
121
Vladislav II. 21, 23–27
Voltaire (François Marie
Arouet) 84f.
Waadt 116
Walachei 9–11, 13–17,
19, 21, 25–27, 29, 31,
33f., 36, 38–41, 56,
62, 65f., 102, 113
Weißrussland 70
Welles, Orson 109
Whitby 97
Wien 41, 45f., 53, 56,
109f.
Władisław III. Jagiełło
16–21
Zola, Emile 96